HEYNE<

Die Autorin

Anke Willers wuchs auf einem Bauernhof in der Lüneburger Heide auf. Später studierte sie Geisteswissenschaften in Göttingen und absolvierte eine journalistische Ausbildung in Lübeck. Sie arbeitete einige Jahre für Tageszeitungen, bevor sie begann, für die Zeitschriften ELTERN und ELTERNfamily zu schreiben. Inspiriert durch die Alltagserfahrungen mit ihren zwei Töchtern erschien 2008 ihr erster Kolumnenband *Ich bin eine Suchmaschine.*

Anke Willers

Ich bin ein Fundbüro

Die Kolumne aus
ELTERN und ELTERNfamily

WILHELM HEYNE VERLAG
MÜNCHEN

Verlagsgruppe Random House FSC-DEU-0100
Das für dieses Buch verwendete FSC®-zertifizierte Papier
Holmen Book Cream liefert Holmen Paper, Hallstavik,
Schweden.

Originalausgabe 06 / 2012

Copyright © 2012 by Wilhelm Heyne Verlag, München,
in der Verlagsgruppe Random House GmbH
© für die einzelnen Kolumnen: ELTERN-Gruppe
Gruner + Jahr AG & Co KG, München
Umschlaggestaltung und Illustrationen im Innenteil:
Susanne Saenger
Satz: EDV-Fotosatz Huber/Verlagsservice G. Pfeifer, Germering
Druck und Bindung: GGP Media GmbH, Pößneck
Printed in Germany
ISBN 978-3-453-65022-0

www.heyne.de

Inhalt

- 7 Ich bin ein Fundbüro. Alles muss raus!
- 13 Mein Medium und ich
- 21 Immer kommt was dazwischen
- 29 Vom Umgang mit Pflegefällen
- 36 Alles neu macht der Mai!
- 43 Mietest du noch oder baust du schon?
- 50 Gehst du – oder muss ich?
- 57 Die große Freiheit fängt klein an
- 65 Wie reden die denn über uns?
- 72 Mein Leben im Quadrat
- 78 Wenn Familien feste feiern
- 85 Meine schönsten Erziehungsflops
- 92 Das werde ich nie verstehen!
- 99 Willkommen im Sockelschubser-Club
- 106 Hilfe, Wochenende!
- 113 Meine kleine Zickenkunde
- 119 Mütternachtsgedanken
- 125 Wir sind dann mal weg!
- 131 Frau Dr. Mattusch zieht um
- 138 Ach du lieber Gott!

144	Lieber Schweinehund!
150	Meine Tage mit SIEMENS
158	Neues von der Notenbank
164	Mischels Marshmallows
171	Aus die Maus!
178	Stromfreie Bude
185	Der Streik der Chauffeuse
191	Mission Moneypenny
197	Schon wieder Wurschtelwochen
203	Unser Ausflug nach Laus-anne
211	Bekenntnisse einer Hobby-Psychologin
217	(K)alter Schwede!
224	Von der Rolle
230	Weniger ist schwer
237	Rettet den Sonntagsbraten
244	Ich bin ein Fundbüro: Wir schließen!
250	Anhang: Literatur

Ich bin ein Fundbüro:
Alles muss raus!

Wer Kinder hat, der sucht. Und wer sucht, der findet – nicht unbedingt das, was er sucht. Aber vielleicht das, was er nicht sucht. Bleibt die Frage: Wohin mit all den Fundstücken?

Manchmal fühle ich mich wie Frederick, die Feldmaus aus Leo Lionnis Bilderbuchklassiker[1]: Wenn ich so durch mein Leben als berufstätige Mutter streife, muss ich einfach sammeln. Ich sammle Stimmungen, glückliche Umstände, unglückliche Missgeschicke – am allerliebsten aber sammle ich Wörter und kleine Geschichten.

Neulich Morgen zum Beispiel als Clara, unsere ältere Tochter, ihren Hausschlüssel nicht finden konnte. »Na gut«, sagte ich schließlich, »nimm meinen. Aber heute Abend suchst du weiter!« »Jaja«, sprach unser Kind und rannte zum Schulbus. Am frühen Nachmittag würde sie vor mir zurück sein und mir die Tür aufmachen – dachte ich. Doch als ich ungefähr sechs Stunden später von der Arbeit kam und auf den Klingelknopf drücken wollte, informierte mich ein unübersehbarer Zettel an unserer Haustür darüber, dass dies vergebens sein würde: »Mama, ich bin bei Emily«, stand darauf, »aber guck mal unter die Matte....«

Ich guckte unter die Matte – und ich vermute, dass in den verregneten Vormittagsstunden dieses Märztages noch viele andere grinsend unter die Matte geguckt hatten: Vor meinem geistigen Auge erschienen jedenfalls kleine Zettelchen: »Vielen Dank für den leckeren Rotwein und die EC-Karten- Pin«. Oder: »Beim nächsten Mal bringe ich meinen Schwager zum Tragen mit – und nehme noch das Klavier«.

Aber unter der Matte lagen keine Zettel. Da lag nur der Schlüssel. Und auch in der Wohnung war noch alles an seinem Platz.

Was macht man mit diesem hübschen, kleinen Fundstück? Einfach unter die Matte kehren? Ab in den Müll zu all den anderen Dingen, die im Familienalltag vergessen und verloren werden. Nein, nein – das bringe ich nicht übers Herz!

Stattdessen stopfe ich die kleine Geschichte hinten links in mein Gedächtnis. Das Gleiche mache ich mit den orthographischen Neuschöpfungen, die Jette, unsere jüngere Tochter, neuerdings mit großem Eifer produziert: »Ost-Harn« zum Beispiel (es handelt sich um einen hohen christlichen Feiertag). Oder: »Forsicht! mama schpint« (es handelt sich um einen Racheakt, nachdem wir unserem Kind verboten haben »Wilde Kerle 1« zu gucken). Und irgendwo liegt auch noch der Schubladen-Zusammenschraubrekord von Jochen, meinem Mann: Er brauchte für zwei Schubladen trotz schwedischer Bauanleitung bloß neun Minuten – und die Schubladen funktionieren einwandfrei: Sie gehen auf, sie gehen zu und füllen sich mit Sachen, die wir nicht hätten, wenn es die Schubladen nicht gäbe...

Ich sage mir bei all diesen alltäglichen Merkwürdigkeiten immer: Wer weiß, wozu du das noch gebrauchen kannst! So wird mein Fundbüro immer voller.

Leider. Denn Fakt ist: Fundbüros in geistigen Hinterstübchen neigen nicht nur zur Überfüllung. Sondern auch zur Vermüllung. Seit einem Jahr bin ich pausierende Kolumnistin. Seit einem Jahr holt bei mir keiner mehr was ab, seit einem Jahr räume ich nicht mehr auf: Nicht im letzten Herbst, nicht im letzten Winter und nicht mal an Ost-Harn!

Neulich rief mich mein Mann im Büro an und bat mich, auf dem Heimweg noch drei Liter Milch und einen Sack Äpfel zu besorgen.

Ich schrieb, während ich von der Redaktion aus mit meinem Mann telefonierte, gerade eine Mail an eine Leserin, die wissen wollte, welche Obstsorten bei Kindern besonders häufig Allergien auslösen. Ich tippte: Ananas, Kiwi, Mandarinen.... Die Leserin schrieb außerdem, dass ihr Kind beim Einschlafen immer darauf bestehe, dass sie eine Brotzeitdose am Fußende des Kinderbettes deponiere und ob das bedenklich sei.

Was für ein originelles Fundstück aus dem Alltag mit Kindern, dachte ich und stopfte die Geschichte mit der Brotzeitdose in die rechte hintere Gehirnwindung.

Am Abend kam ich mit einem Brot und einer Ananas nach Hause. Und Jochen wurde ziemlich sauer: Es ginge nicht an, dass meine kleine grauen Zellen vor lauter unsortierten Geschichten so verstopft seien, dass ich im richtigen Leben eine Ananas nicht mehr von einem Apfel unterscheiden könnte.

Mein Mann hat recht. Und deshalb werde ich gleich heute damit beginnen, aufzuräumen in meinem Kopf. Ich werde mir meine Fundstücke endlich mal genauer anschauen. Ich werde sie sortieren und ins rechte Licht rücken. Dabei werde ich viel Spaß haben. Und das ist gut. Denn bereits im letzten Winter sorgte sich meine Familie um meine Mundwinkel: Familienalltagsgeschichten sind ja nicht automatisch lustig – nur weil sie Familienalltagsgeschichten sind. Ich meine, was ist schon lustig daran, wenn eine Fünfjährige innerhalb von zwei Jahren dreimal an der gleichen Stelle genäht werden muss und die zuständige Chirurgin das schreiende Kind mit dem Satz empfängt: »Mensch, Jette, schon wieder dasselbe Kinn, wo soll ich denn da noch hinstechen?«

Was ist lustig daran, wenn man nachmittags mit einer wenig motivierten Achtjährigen über der Frage grübelt, wie viele rote Gummibärchen Franz, Otto und Kurt kriegen, wenn sie alle gleich viel haben sollen, Lisa aber 12 weniger – und 148 alle zusammen???

Oder wenn man morgens in der Dusche steht und die Kinder rufen muss, weil man ohne Brille nicht mehr lesen kann, ob man sich gerade Shampoo oder Läuse-Tod auf den Kopf tropft.

Nein, so richtig lustig finde ich das alles nicht.

Und wenn ich etwas nicht lustig finde, werde ich streng: Ich sage: »Mensch, Jette, was bist du bloß für ein Kamikaze-Kind« und vergesse fast, sie zu trösten. Oder ich entwickle Hassgefühle gegenüber Mathebuchmachern und sage: »148 rote Gummibärchen? Die spinnen doch: Jeder weiß, dass die weißen viel besser sind. Und Kurt, wer nennt sein Kind heute eigentlich noch Kurt?«

Dann kriege ich einen missmutigen Zug um den Mund. Meine Kinder mögen diesen Zug nicht. Sie sagen, er mache alt. Und im letzten sehr kalten und sehr strengen Winter hatten sie beinahe Angst, er würde festfrieren.

Natürlich könnte ich jetzt bei den Damen und Herren von der plastischen Chirurgie nachfragen, was man gegen diese Art von Gefrierbrand machen kann: Botox, Hyaluronsäure, Facelifting…??

Aber ich habe eine bessere und billigere Idee: Ich gönne mir mal wieder einen Perspektivenwechsel. Und das kann ich am besten, wenn ich meine Alltagsgeschichten mit etwas Abstand betrachte.

Aus der Ferne sehe ich das große Ganze nämlich viel besser als aus der Nähe und ich entdecke auch eher die komischen Seiten hinter dem Chaos. Das ist so ähnlich wie bei den Wimmelbüchern. Sie wissen schon, diese Bilderbücher, die auf einer Doppelseite den halben Nordseestrand unterbringen inklusive Nudisten-Kolonie. Oder komplette Straßenzüge mit Häusern, in die man reingucken kann und in denen Kinder in unaufgeräumten Kinderzimmern ihren Hausschlüssel nicht finden. Oder ganze landwirtschaftliche Betriebe.

Apropos: Ich glaube, im hintersten Regal meines Fundbüros gibt es noch so ein altes Bauernhofwimmelbuch: Da sieht man auf Seite 12 in der linken unteren Ecke eine hübsche Landwirtschaftsassistentin, die ein Erdbeereis isst und sparsam guckt, weil sie plötzlich nur noch die Waffel in der Hand hat. Wenn man den Blick wandern lässt, dann sieht man hinter der hübschen Landwirtschaftsassistentin aber auch den Esel, der von hinten beim Eis mitgegessen hat und den Bauern, der vor Lachen die Schaufel fallen lässt und aussieht als hieße er Willi. Das macht die Sache deutlich amüsanter!

Also, wenn Sie auch einen Familienalltag haben und Geschichten, bei denen Sie sich öfter mal fühlen als hätten sie nichts in der Waffel, dann versuchen Sie es: Knipsen Sie den Panoramablick an!

Was, Sie sehen nichts? Keinen Esel, kein Eis, und keinen Willi?

Dann besuchen Sie mich doch mal in meinem Fundbüro: Es hat ab sofort durchgehend geöffnet. Auf den nächsten Seiten zeige Ihnen all meine Fundstücke und bitte: Nehmen Sie doch was mit!

Mein Medium und ich

Schon klar: Zu viel Fernsehen macht Kinder dick und doof. Und auch erwachsene Sofakartoffeln leben nicht gerade gesund. Für mich hat der Fernseher trotzdem gewisse Vorzüge.

Kürzlich kam mein Kollege zu mir ins Zimmer. Und sagte: »Anke, du musst unbedingt in deiner Kolumne mal was übers Fernsehen schreiben: Wie viel deine Kinder fernsehen, was sie sehen dürfen. Wie ihr das aushandelt! Ist immer wieder ein großes Thema!« »Bei uns nicht«, sagte ich, »meine Kinder gucken nicht fern.« Mein Kollege guckte sparsam: »Wie, die gucken nicht fern?« »Es interessiert sie nicht«, erklärte ich das Ungeheuerliche. Und dann erzählte ich, wie ich mich in den Weihnachtsferien tagelang darauf gefreut hatte, mit meiner Familie »Michel von Lönneberga« zu gucken. Wir waren extra etwas früher vom Schlittschuhlaufen gekommen, damit wir pünktlich um 16 Uhr auf dem Kathulthof sein konnten und mitkriegten, wie Michel

den blutvergifteten Knecht Alfred bei Schneesturm zum Doktor brachte ...

Doch schon um 16 Uhr 10 saß ich allein vor der Glotze: Jochen las im Nebenraum. Und die Kinder hatten die Gunst der Stunde genutzt, um sich im Kinderzimmer unbemerkt über ein Pfund Spekulatius herzumachen! »So ist das immer«, sagte ich. »Aha«, sagte mein Kollege, und wahrscheinlich dachte er: »Normal sind die nicht.« Trotzdem mache ich mir keine Sorgen. Denn soweit ich weiß, gibt es bisher keine warnenden Untersuchungen, die »Wenn Kinder nicht fernsehen wollen« heißen. Oder »Das Vorschulkind und seine medialen Abneigungen«.

Außerdem ist klar: Von mir haben die Mädchen dieses auffällige Verhalten nicht. Ich gucke nämlich ganz gern fern. Ich würde sogar sagen, seit ich Mutter bin, weiß ich die Glotze mehr zu schätzen als vorher. Und das hat nicht nur damit zu tun, dass eine verzweifelte Hausfrau, die wie ich abends um neun vor einem riesigen Berg Wäsche steht, Trost und Zuspruch findet, wenn sie anderen verzweifelten Hausfrauen bei ihrem undurchsichtigen Treiben zuschauen kann. Nein, es gibt noch weitere Gründe:

Erstens: Fernsehen hilft beim Kinderkriegen!

Das erste Mal als ich der Glotze wirklich dankbar war, war am 5. Juli 2000 gegen 22 Uhr. Ich dankte der Glotze und Veronica Ferres, die gerade im Abspann der ungewissen Zukunft »einer ungehorsamen Frau« ins Auge blickte. Ich hatte auch eine ungewisse Zukunft. Ich war nämlich im zehnten Monat schwanger, also eine Woche über dem Termin. Und inzwischen ziemlich genervt von meinem Leben in der Warteschleife.

Clara sollte endlich kommen, ich wollte es hinter mich bringen. Seit Wochen schon hatte ich in mich hineingehorcht. Und nichts war passiert. Doch dann kam der große Zweiteiler. Und Frau Ferres mitsamt ihrem ungehorsamen Leben traf auf meine schwangere Mimosenseele. Beim Abspann musste ich heulen. Und weil beim Heulen immer auch eine Menge Hormone ausgeschüttet werden, war wohl auch das eine oder andere Prostaglandin dabei. Jedenfalls kam da plötzlich etwas angerollt, was sich verdächtig anfühlte. Sehr verdächtig. Ja, das musste sie sein, die erste Wehe. Fortan folgten weitere. Wie viele es am Ende waren, habe ich dann irgendwie verdrängt. Man könnte auch sagen: Ich hatte einen Filmriss! Was ich allerdings sehr genau weiß: Zwölf Stunden nach Frau Ferres' Abspann hatte ich keine ungewisse Zukunft mehr vor Augen. Sondern eine sehr präsente Gegenwart im Arm: Clara, 6 Pfund schwer, 51 Zentimeter lang und stimmlich überaus stark!

Zweitens: Fernsehen geht ganz einfach!

Ich bin technisch und handwerklich nur mäßig begabt. Auch deshalb kommt mir fernsehen entgegen. Ist nicht gerade Stromausfall (sehr selten) und die Fernbedienung weg (etwas häufiger), muss ich nichts anderes tun, als auf den roten Knopf zu drücken und den richtigen Kanal zu suchen. Fertig! Ganz andere Erfahrungen habe ich mit DVD-Playern gemacht. Dieses Jahr wollte ich Jochen einen DVD-Player zu Weihnachten schenken. Unser altes VHS-Videogerät hatte nämlich schon vor Jahren den Geist aufgegeben, weil Jette als Einjährige wiederholt versucht hatte, Schokoladentafeln in den Schlitz zu schieben. Irgendeine Vollmilch-Nuss war unbemerkt dringeblieben, und die Schokosauce hatte dem alterschwachen Gerät den Rest gegeben. Mit einem neuen DVD-Player, dachte ich, kann Jochen endlich wieder Miss-Marple-Filme schauen. Und alte Hitchcocks. Und sollten die Kinder doch irgendwann süchtig nach bewegten Bildern werden, so könnten wir die Filme selber aussuchen.

Doch der Stress fing schon im Laden an: »Scart, Cinch, koaxial – was bitte heißt das auf Deutsch«, fragte ich den gepiercten Verkäufer, der meine multimediale Verwirrung mit einem mitleidigen Blick quittierte.

Zu Hause wurde es nicht besser: Ich hatte mir gedacht, ich wollte Jochen Heiligabend mit einem fertig installierten Gerät überraschen: Licht aus, Spot an, welcome, Miss Marple! Ich hatte allerdings nicht bedacht, dass ich dafür eine Bedienungsanleitung brauche und dass Bedienungsanleitungen von DVD-Playern noch deprimierender sind als die vernichtenden Blicke gepiercter Verkäufer im Elektrogroßhandel. Mein DVD-Player jedenfalls setzte mich penetrant auf dem Display davon in Kenntnis, dass er »no disc« habe – und das, obwohl ich ihm schon verschiedene Miss-Marple-Morde angeboten hatte. »Mama«, fragte Clara, die mir beim DVD-Player-Anschließen assistierte, indem sie mit dem Verpackungsstyropor rumquietschte, »was bedeutet *no disc*?« Ich blätterte in der Bedienungsanleitung. Dort standen so erhellende Sätze wie »drücken Knopf, dann Laufwerk offen ...« »No disc« wurde mit »nein disk« übersetzt. »Mama«, fragte Clara, »und was bedeutet *nein disk*?« »Das bedeutet, dass der Bedienungsanleitungs-Übersetzer den DVD-Player-Anschließer für plemplem hält.« Clara blätterte in der Bedienungsanleitung. Sie suchte nach einer Übersetzung für »plemplem«. Stand aber nicht drin!

Drittens: Fernsehen geht ohne Batterien!

Das ist kein überzeugendes Argument für das Fernsehen? Ich finde schon. Es ist nämlich so: Meine Kinder interessieren sich zwar nicht für die Glotze, sehr wohl aber für andere Medien. Sie besitzen zum Beispiel einen uralten Kinderkassettenrekorder mit Sing-a-long Funktion. Und seit sie von einer Freundin einen ganzen Koffer voll mit Kinderkassetten geschenkt bekamen, die die Tochter der Freundin sehr gern in den 90er-Jahren hörte, lieben auch meine Kinder Kinderkassetten. So sehr, dass die Batterien unseres Kassettenrekorders alle drei Tage leer sind. Leer werdende Batterien haben die Angewohnheit, das Gerät eiern zu lassen, bevor sie gänzlich den Geist aufgeben. Die Eierphase ist ein schwerer Angriff auf die Ohren von Müttern und Vätern. Bei uns kommt noch hinzu, dass der Lautstärkeregler gleichzeitig der Aus-Knopf ist: Man muss von laut nach leise und dann auf »Aus« drehen. Diesen letzten Schritt vergessen die Kinder so gut wie immer. Was dazu führt, dass die Batterien noch schneller leer werden, die Kassetten noch öfter eiern – und in mir ungeahnte Hassgefühle gegenüber unbekannten taiwanesischen Kassettenrekorderentwicklern hervorrufen. Ich stelle außerdem fest, dass die Taiwanesen merkwürdige Vorstellungen von westeuropäischen Batteriegrößen haben. Die, die in das Fach passen, kriegt man in München nur nach aufwendiger Rasterfahndung.

Viertens: Fernsehen geht nicht im Auto!

Ja, ich weiß schon, Sie denken wahrscheinlich: Warum schmeißt die diesen dämlichen Kassettenrekorder nicht in den Müll und kauft einfach einen vernünftigen CD-Player, der auch ohne Batterien läuft.

Hab ich schon – im Auto. Im Auto hören meine Kinder immer CDs. Und zwar meistens »Conni zieht um«.[2] Ich glaube, wir sind mit Conni schon 123-mal umgezogen. Das an sich ist schon kräftezehrend. Und manchmal, wenn ich nach einer längeren Autofahrt in den Spiegel gucke, fürchte ich, bald auszusehen wie Bill Murray in »Und täglich grüßt das Murmeltier.«

Conni ist überhaupt ein Phänomen: Sie hat immer eine Schleife im Haar (was Jette bewundert, weil ihre Haarklämmerchen-Verlustquote bei circa 14 pro Woche liegt!). Sie fährt noch mit dem Roller, obwohl sie schon zur Schule geht (was Clara für realitätsfern hält). Und sie hat eine Mutter, die beim Umzugskarton-Packen Sätze sagt wie: »Vorsicht, das gute Kristall« (was mich zu der Frage veranlasst, aus welchen Kreisen die Dame stammt). Am beeindruckendsten sind aber Connis musikalische Auflockerungseinlagen. Die singen meine Kinder immer mit. Und weil Jochen und ich ja Auto fahren, können wir nicht einfach die Tür aufmachen und den Ohrwurm auf Abstand halten. Deshalb singen wir auch meistens mit: Conni, Conni, mit der Schleife im Haar, Conni, Conni, die ist einfach wunderbaha ...

Jochen sagt, langsam müsse er aufpassen, dass er nicht in einer wichtigen Sitzung leise vor sich hin zu singen beginne. Dies könnte zu Irritationen führen – denn womöglich halten die kinderlosen Kollegen Conni dann für eine außereheliche Bekanntschaft meines Mannes.

Deshalb habe ich Jochen jetzt empfohlen, öfter mal den Fernseher anzumachen und Sportschau zu gucken. Hat auch einen schönen Ohrwurm, allerdings wesentlich unverfänglicher: düüüdüt düüdüt dü ...

Immer kommt was dazwischen

Als Eltern müssen wir flexibel sein und jederzeit gut gerüstet. Hier ein kleiner Leitfaden für angehende Zwischenfall-Manager.

Wenn ich irgendwas in den letzten Jahren gelernt habe, dann dies: Das Leben ist eine Baustelle. Und: Der Alltag mit kleinen Kindern ist eine Großbaustelle. Großbaustellen sind Orte, wo Dinge wachsen – Häuser zum Beispiel, Brücken. Oder eben: Kinder!

Großbaustellen sind aber auch Orte, die unübersichtlich sind: Es gibt Schlaglöcher, Stolpersteine, Schlechtwetter. So ist es auch bei uns. Dauernd kommt was dazwischen!! Die Wahrscheinlichkeit, dass ein Tag ganz anders läuft als morgens geplant, ist relativ groß. Anders ausgedrückt: Das Leben mit Kindern ist unberechenbar. Und Mütter und Väter sind im Grunde nichts anderes als Zwischenfall-Manager auf Großbaustellen. Wie das bei uns so klappt? Werfen Sie doch mal einen Blick über den Baustellenzaun.

KINDER, DIE SCHREIEN.
Oder: Mütter in Kellerschächten

Man kennt diese Geschichten: Frau geht leicht bekleidet vor die Tür, um die Zeitung von der Fußmatte zu nehmen. Tür fällt zu, Frau steht halbnackt da und guckt dumm aus der Wäsche. In meinem Fall ging die Geschichte so: Frau (Anke) hat kleines Baby, das selig schläft (Jette) und einen Korb voll gewaschener Babybodys. Frau denkt: Bis zum nächsten Stillen gehe ich schnell runter in den Hof und hänge Wäsche auf. Frau steht unten und hört plötzlich das Baby schreien. Frau wird hektisch, nimmt Korb, Klammerbeutel, Schlüssel. Frau ist ungeschickt. Schlüssel fällt runter – und in den Kellerschacht. Baby schreit lauter. Frau kriegt Milcheinschüsse und Adrenalinschübe gleichzeitig. Denn ihr wird klar: Erstschlüssel ist im Kellerschacht, Zweitschlüssel mit dem Gatten auf Dienstreise, Hausmeister-Handy ist aus ...

Dieser Zwischenfall liegt bereits eine ganze Zeit zurück. Und endete damit, dass ich mithilfe einer beherzten Nachbarin die Holztür zum Kellerschacht aufbrach und dann mit eingezogenem Bauch und schwellender Brust in eben diesen kletterte. Ob Jette seither ein Schlüsseltrauma hat, ist nicht geklärt.

Richtiges Verhalten auf der Baustelle, LEKTION 1: Legen Sie sich einen Notnagel zu und nageln Sie den an einen geheimen Ort außerhalb der Wohnung oder, noch besser, bei den Nachbarn an die Wand. Dann hängen Sie einen Drittschlüssel an den Notnagel! Drittschlüssel bei Nachbarn Ihres Vertrauens helfen bei Notfällen mit Stillkindern. Aber auch, wenn Sie auf dem Weg zur Oma in den Norden sind und sich bei Fulda fragen, ob das Bügeleisen in München noch an ist.

KINDER, DIE MÜSSEN.
Oder: Mütter ohne Kopf

Auch jenseits der Stillzeit passiert es, dass man als Mutter kopflos ist. Oder sagen wir: abgelenkt! Denn oft, wenn man gerade dabei ist, einen klaren Gedanken zu

fassen, kommt was dazwischen: Die Kinder werfen den Saft um. Oder sagen, dass sie jetzt sofort Pipi müssen oder Kaka oder beides. Dann geht der klare Gedanke verloren. Und nicht immer findet man ihn später wieder. So sind mir schon allerlei Missgeschicke passiert: Ich habe Brot beim Bäcker gekauft, bezahlt, Tschüss gesagt – und das Brot liegen gelassen. Oder ich habe Brot geordert, das Brot genommen, Tschüss gesagt – und nicht bezahlt.

Meine Freundin Anne hat es schwerer getroffen: Sie wollte im Internet einen Urlaubsflug buchen. Beim Buchen wurde sie mehrfach unterbrochen, weil ihre Kinder sich erst um die Kaufladenregistrierkasse zankten und dann beim Pipimachen den Gürtel nicht allein aufkriegten. Als sie Wochen später mit ihrer Familie im Flieger saß, stellte sie fest, dass sie nicht nach Arrecife auf Lanzarote flogen, wo das Hotel lag, sondern nach Alicante auf dem spanischen Festland. Der Umweg über Alicante nach Arrecife kostete alle vier zusätzlich 1500 Euro. Schöne Ferien!

Richtiges Verhalten auf der Baustelle, LEKTION 2: Rechnen Sie als Mutter jederzeit mit Gedächtnisausfällen oder unkoordiniertem Verhalten, vor allem dann, wenn Sie Kinder haben, die gerade sauber werden. Erledigen Sie wichtige Geschäfte abends, wenn die Kinder schlafen und kein Geschäft mehr machen. Und: Prägen Sie sich vor jeder Online-Flugbuchung unbedingt die Zielflughäfen samt Kürzel ein: Alicante hat ALC, Arrecife ACE!

KINDER, DIE WINDPOCKEN HABEN.
Oder: Patentanwälte mit Pickeln

Viren und Bakterien sind auf Großbaustellen mit kleinen Kindern weit verbreitet. Leider! Denn Viren und Bakterien sind ziemlich oft schuld, wenn im Alltag was dazwischenkommt. Das liegt erstens daran, dass Viren und Bakterien kleine Kinder mögen. Die können dann nicht in den Kindergarten, was, zweitens, dazu führt, dass ihre berufstätigen Eltern ein Betreuungsnotprogramm brauchen.

Besonders kritisch wird es, wenn drittens eintritt: Die Viren und Bakterien machen sich über die erwachsene Baustellenleitung her oder, viertens, über deren Berater. Bei uns kam es deshalb zu einer unglücklichen Verkettung von erstens, zweitens und viertens: Jette hatte Windpocken, und mir stand deshalb eine einwöchige Quarantäne bevor. Daher freute ich mich auch sehr, als an Tag vier Jens über den Baustellenzaun guckte. »Hattest du schon Windpocken?«, fragte ich ihn. »Bestimmt«, sagte Jens, der fast 50 ist, kinderlos und erfolgreicher Patentanwalt. Also tranken wir einen Tee zusammen und spielten mit Windpocken-Jetti eine Partie Uno.

Drei Wochen später rief Jens an und wollte wissen, woran man Windpocken erkenne. »Pickel«, sagte ich, »rot, juckend, grässlich!« »Ja, das trifft zu«, sagte Jens. Und es klang wie eine juristische Beweisaufnahme. In den nächsten Wochen durchlief unser armer Freund alle Phasen einer schweren Windpockenattacke. Er musste sogar ins Krankenhaus. Und sich zu allem Überfluss in seiner Kanzlei auch noch verspotten lassen: »Windpocken? Herr Kollege, machen Sie doch einfach kurzen Prozess!«

Zum Glück ist Jens ein netter Patentanwalt. Er hat uns deshalb auch nicht verklagt. Wegen fahrlässigen Uno-Spielens oder anderer Straftatbestände.

Trotzdem ergibt sich daraus LEKTION 3: Lassen Sie nie Rechtsanwälte in die Wohnung, wenn sich dort wild gewordene Viren aufhalten. Lassen Sie auch keine anderen kinderlosen Menschen über 30 rein, wenn ihre Mütter nicht glaubhaft belegen, dass 1981 eine Windpockenepidemie in dem Kindergarten grassierte, den der Mensch über 30 damals besuchte. Und: Öffnen Sie nie Schwangeren die Tür, wenn Ihr Kind Pickel hat und es sich nicht um Mückenstiche handelt.

KINDER, DIE KEINE WINDPOCKEN HABEN.
Oder: Mütter ohne Nerven

Ich fasse zusammen: Windpocken, die sich auf Großbaustellen über gut situierte Patentanwälte hermachen, sind eindeutig ein Notfall. Symptome, die nicht sofort auf Windpocken schließen lassen und von denen man nicht weiß, woher sie rühren, sind allerdings noch schlimmer. Denn sie lösen bei mir den Google-Reflex aus. Ich muss sofort im Internet nachschauen, welche

Diagnosen zu den ominösen Anzeichen gehören, die sich im Hals, zwischen den Zehen oder sonst wo am Körper meiner Kinder breitmachen. Dabei stoße ich immer auf seltene Syndrome mit schweren Krankheitsverläufen und unabsehbaren Spätschäden. Das wiederum führt dazu, dass ich nachts nicht mehr schlafen kann. Denn nun fürchte ich, dass mein Kind seinen nächsten Geburtstag möglicherweise nicht mehr erleben wird.

Richtiges Verhalten auf der Baustelle, LEKTION 4: Fragen Sie nie Google, wenn Ihr Kind keine Windpocken hat! Es sei denn, Sie sind Ärztin und wissen, was Sie tun. Wenn Sie es wie ich nicht lassen können, konsultieren Sie unbedingt ein sachliches Nachschlagewerk. Ich empfehle das von Herbert Renz-Polster und seinen Leuten.[3]

KINDER, DIE WARTEN.
Oder: Väter an Unfallstellen

Der Donnerstag ist bei uns ein komplizierter Tag: Ich bin bis abends in der Redaktion, dafür geht Jochen früher, um die Kinder abzuholen. Diese Konstruktion ist notfallträchtig, denn meistens geht Jochen auf den letzten Drücker.

So geschah es vor einiger Zeit, dass er nach dem Büroverlassen und vor dem Kinderabholen noch schnell Obst kaufen wollte. Beim Einparken touchierte er eine Radfahrerin. Sie fiel hin, und Jochen kriegte einen Riesenschreck. Dann kam die Polizei und protokollierte akribisch den Unfallhergang. Der Radfahrerin ging es schon wieder gut, aber das Protokoll brauchte Zeit. Irgendwann sagte Jochen, er müsse dringend seine Töchter abholen, der Hort mache zu. Das aber war mehr, als die Polizei erlaubte. Jochen insistierte weiter.

Schließlich setzten sich zwei der Polizisten in den Streifenwagen und fuhren höchstselbst zum Hort drei Straßen weiter. Dort wurden die beiden Beamten von der Erzieherin äußerst kritisch gemustert und dann streng verhört: »Meine Herren, haben Sie eine Abholgenehmigung?« »Nein«, sagten die Beamten, »aber Sie sehen ja, wir sind von der Polizei!« Die Erzieherin ließ das nicht gelten: »Da könnte ja jeder kommen«, meinte sie. Und dass sie die Kinder so nicht gehen lasse.

Verhalten auf der Baustelle, LEKTION 5: Nehmen sie sich Zeit, vor allem donnerstags! Wenn Sie keine haben: Suchen Sie sich Freunde und Helfer. Aber sorgen Sie dafür, dass die Freunde und Helfer die richtigen Papiere dabeihaben!

PS: Sie wollen gerne wissen, wie dieser Zwischenfall am Ende ausging? Das war so: Die Erzieherin brachte die Kinder höchstpersönlich zu ihrem Papa. Mit Polizeischutz und zu Fuß. Denn im Streifenwagen waren keine Kindersitze. Und Fahren ohne Kindersitz – das ist von der Polizei nicht erlaubt. Schon gar nicht auf Großbaustellen!

Vom Umgang mit Pflegefällen

Freunde sind wichtig: für uns Eltern, für Kinder und überhaupt. Allerdings müssen Freundschaften auch gepflegt werden. Und das ist eine besondere Kunst!

»Herzlichen Glückwunsch, Sie haben sich für ein besonders hochwertiges Stück entschieden. Damit Sie auch lange Freude daran haben, befolgen Sie bitte unsere Pflegehinweise«: Diesen Tipp findet man gelegentlich an Handtaschen oder auch an Pullis aus besonders edlem Garn. An Menschen hängen derartige Schildchen für gewöhnlich nicht. Dabei wären Pflegehinweise dort viel wichtiger. Denn was gibt es Wertvolleres im Leben als gute Freunde.

Okay, die Familie ist noch wichtiger. Aber gleich danach kommen die Freunde. Mütter brauchen Freundinnen, die sie fragen können, ob das bei ihnen mit den Kilos nach der Geburt auch so lange gedauert hat. Fränkische Väter brauchen Freunde, mit denen sie bedauern können, dass »der Club« mal wieder in die zweite Bundesliga absteigt. Und Kinder brauchen Freunde, mit denen sie besprechen können, ob es den Osterhasen wirklich gibt und wenn ja, wie man machen kann, dass er dieses Jahr ganz besonders viele Schoko-Eier bringt.

Ich dachte deshalb, es könnte nicht schaden, mal ein paar freundschaftliche Pflegehinweise zusammenzustellen. Sie müssen sie ja nicht befolgen. Aber beschweren Sie sich dann nicht, dass Sie keiner mehr anruft!

DIE CHEMISCHE REINIGUNG:
Gut geeignet für alte Freunde, die über grobe Vernachlässigung klagen

Neulich habe ich mich mit Mieke getroffen. Mieke ist eine sehr alte Freundin, die ich noch aus Uni-Tagen kenne. Sie ist Single und kinderlos. Wir saßen in einem Innenstadt-Café, tranken Milchkaffee und redeten. Die Chronologie des Gesprächs verlief in der ersten halben Stunde etwa so:

Siebzehn Sätze über das bayerische Schulsystem und eine Lernzielkontrolle, in der Clara das scharfe F mit dem weichen W verwechselt und behauptet hatte, das Radieschen gehöre zur Gattung der Furzelgemüse. Vier Sätze über die Frage, ob Furzelgemüse wirklich so gesund ist, wie in der Lernzielkontrolle behauptet wird. Und ob wir jetzt eigentlich hier auch was essen wollen. Fünfzehn Sätze über Miekes hängenden Tschüssmuskel (der Teil des Oberarms, der beim Winken wackelt, wenn man nicht mehr 20 ist und noch nie Heidi Klum hieß) und über ihren Frühlingsvorsatz, weniger zu essen. 13 Sätze über meinen Frühlingsvorsatz, jetzt öfter joggen zu gehen. Dazu ausschweifende Begründungen, warum es so schwer ist, regelmäßig Sport zu treiben (der Stress, die Arbeit, die Kinder, ach, Mieke!). Vier Sätze darüber, was wir als Nächstes trinken. 22 Lästersätze über Miekes doofe Arbeitskollegin. 31 Sätze über eine Pressekonferenz, zu der ich kürzlich im Berliner Regierungsviertel war. Dort hatte sich die Bundesjustizministerin nicht nur sehr schlagfertig unseren Fragen gestellt, sondern auch sonst ausgesprochen viel Profil gezeigt: Ihr Schuhwerk eignete sich nicht nur für die Treppen im Berliner Reichstag, sondern auch für ausgedehnte Wanderungen im Alpenvorland.

Warum ich das alles schreibe? Weil es überzeugend dokumentiert, dass es nicht den ganzen Abend um die Kinder ging. Diesen Vorwurf hatte mir Mieke nämlich mal vor längerer Zeit gemacht. Damals haben wir dann einen ganzen Abend Tacheles geredet. Nach dieser verbalen Reinigung stimmte die Chemie zwischen uns wieder. Und mir war manches klarer: Zum Beispiel, dass Freundschaften sich verändern, wenn eine Seite Kinder kriegt. Und auch, dass man ein paar Regeln braucht, will man weiterhin befreundet sein. Eine meiner Regeln lautet seither: Erziehe dich selbst. Und mach mal einen Punkt! Ein paar Geschichten aus dem Familienkosmos sind okay. Zu viele davon langweilen das Gegenüber.

Auch gut für die Chemie: Mütter und Miekes, seid ehrlich zu euch selbst. Wer den anderen plötzlich ganz doll blöd findet, nur weil er anders lebt, lügt sich nicht selten was in die Tasche. Und will schlicht nicht wahrhaben, dass ihm das andere Leben manchmal auch gefallen würde. Nein, gar nicht schlimm! Man muss es sich nur eingestehen!

Und Regel Nummer drei: Macht euch klar, was ihr am anderen habt. Auch wenn der ganze Teller voll mit Furzelgemüse ist – es kann nicht schaden, ab und zu über den Rand zu gucken und von anderen Tellern zu probieren.

DER SCHONWASCHGANG:
Gut geeignet für Mütter aller Art

Freundschaften zwischen Kinderlosen und Kinderbesitzern sind speziell. Freundschaften zwischen Müttern aber auch. Meistens lernt man sich im Geburtsvorbereitungskurs kennen. Oder in der PEKiP-Gruppe. Gerne auch am Spielplatz. Man plaudert über dies und jenes, lädt sich nachmittags mit den Kindern wechselseitig zum Kaffee ein, macht kleine Ausflüge in den Park und gibt sich Tipps: Welcher Kinderarzt auch homöopathisch behandelt, welche Krankenkasse das bezahlt und wie man sich einen Platz in der Kinderkrippe erkämpft, ohne straffällig zu werden. Kurz: Man sitzt in einem Boot, das schweißt zusammen und gibt ein kuscheliges Gefühl.

Ich finde das wichtig und richtig. Ich habe allerdings festgestellt, dass man beim Rumschippern in unbekanntem Gelände schnell in Gefahrenzonen kommt. Mütter mit kleinen Kindern sind nämlich leicht entflammbar. Sie fangen an zu brennen, wenn es um Fragen geht wie: Muss man wirklich sechsfach impfen? Ist Nichtstillen fahrlässig? Darf man mit Baby Vollzeit berufstätig sein? Sie brennen lichterloh. Und wenn sie nicht aufpassen, ist hinterher nur noch verbrannte Erde da. Warum das so ist, darüber kann ich nur spekulieren. Wahrscheinlich liegt es daran, dass wir nicht mehr so viele Kinder kriegen. Und für die, die wir haben, wollen wir dann nur das Beste. Wer aber das Beste will, kann keine Kompromisse machen! Zwar ist diese Kompromisslosigkeit gar nicht nötig, denn es gibt viele richtige Wege, Kinder gut und glücklich großzuziehen – aber diese Erkenntnis hat sich irgendwie noch nicht so richtig rumgesprochen.

Nach reiflicher Überlegung bin ich deshalb zu dem Schluss gekommen, dass sich Mütterfreundschaften am besten im Schonwaschgang pflegen lassen. Wie das geht, wollen Sie wissen? Ich halte einfach öfter mal die Klappe! Und nehme mir ansonsten ein Beispiel an Jochen. Ich habe nämlich beobachtet, dass Väter viel seltener brennen als Mütter. Und ich vermute, das liegt daran, dass Väter ziemlich viel berufstätig sind und deshalb deutlich seltener auf Spielplätzen, in Baby-Schwimmkursen und in Kinderarztpraxen. Aber, ach ja, ich wollte ja die Klappe halten!

DER SCHLEUDERGANG:
Gut geeignet für jugendliche Lebensabschnittsgefährten und für Freunde, die keine mehr sein sollen

Nun habe ich über Freunde mit Kindern geschrieben. Und Freunde ohne Kinder. Aber nichts über Freunde von Kindern. Die Psychologie der Kinderfreundschaften unterscheidet sich in einigen Punkten von der der Erwachsenenfreundschaften. Der größte Unterschied ist: Sie haben eine kürzere Halbwertzeit. Kinderfreundschaften werden mitunter schneller geschlossen als man gucken kann. Jette etwa reicht es, auf der Schaukel neben einem Mädchen zu sitzen, das mit ihr elfmal bis zum Himmel schaukelt. Schon behauptet sie: »Das ist jetzt meine Freundin!« Bei Clara dauert es etwas länger, aber nicht viel. Genauso schnell wie Freundschaften geschlossen werden, werden sie allerdings auch wieder beendet. »Wieso triffst du dich eigentlich gar nicht mehr mit S.?«, habe ich meine Tochter neulich gefragt. » S.«, sagte Jette, »die hab ich doch schon vor den Ferien abgefreundet.« Zwar konnte ich bis jetzt nicht herausfinden, was zur Abfreundung geführt hatte, ich vermute aber, S. hat zu viel mit R. gespielt und Jette nicht mitspielen lassen. Vielleicht hat S. auch Pissnelke zu Jette gesagt oder Furzelnuss oder andere Wörter.

»Müssen wir uns eigentlich Sorgen machen, dass unsere Tochter zu wenig Herz hat?«, fragte ich neulich die

Erzieherin in der Kita. Und erzählte ihr von der Abfreundung. »Nö«, sagte die Erzieherin. »Ich habe hier noch mehr so kleine Giftzwerge. Mit vier oder fünf haben die einfach noch nicht so viel Mitgefühl.«

Nun kann ich nur hoffen, dass S. kein Schleudertrauma bekommen hat. Und Jette an ihrem Mitgefühl arbeitet. Ich gebe ihr zehn Jahre. Dann sollte sie damit vorangekommen sein. Falls nicht, werde ich Weichspüler kaufen. Und alle Jungs in ihrer Klasse warnen!

Alles neu macht der Mai!

Wenn die Bäume blühen und der Bauch wächst, ist es Zeit, sich tolle Sachen vorzunehmen, dachte ich als werdende Mutter. Schauen wir doch mal, was aus meinen Vorsätzen geworden ist...

Heute möchte ich über gute Vorsätze schreiben. Sie meinen, Vorsätze gehören an den Jahresanfang? Ich finde, sie machen sich auch im Mai gut.

Denn erstens heißt es doch: Alles neu macht der Mai. Und zweitens habe ich vor Kurzem beim Aufräumen ein altes Tagebuch gefunden. Es war aus dem Jahr 2000, und im Mai 2000 hatte ich besonders viel geschrieben: Ich war nämlich mit Clara schwanger, mein Mutterschutz begann, und ich hatte viel Zeit, über die neuen Zeiten nachzudenken, die mir bevorstanden. Beim Durchlesen dieser Einträge muss ich feststellen: Schwangere, Tagebuch schreibende Redakteurinnen werden von ihrem boxenden Untermieter und der alles neu machenden Frühlingssonne zu ganz unglaublichen

Vorsätzen verleitet, von denen ich hier drei besonders kühne für Sie ausgewählt habe:

ERSTER VORSATZ VOM 5. MAI 2000:

»Ich will einen schicken Kinderwagen. Aber ich will nie, nie eine passende Wickeltasche!«

Kinderwagen kaufen gehört zu den großen Herausforderungen werdender Eltern: Man braucht ein Vehikel, das leicht fährt, ins Auto passt, kein orthopädisches Risiko fürs Baby bedeutet und was hermacht. Schließlich will man auch als junge Mutter schick sein. Ich wusste im Mai 2000 vor allem dies: Ich will was Sportliches, ohne Bärchen. Und: bitte keine Wickeltasche, die das gleiche Karo hat wie der Fußsack. »Ist doch superspießig«, erklärte ich dem werdenden Kindsvater. Am Ende unserer Kinderwagensuche entschieden wir uns für ein blaues Joggermodell: dreirädrig, schweineteuer, sehr trendy, ohne Wickeltasche, dafür mit Lieferschwierigkeiten. »Wenn Sie Glück haben, kommt der Wagen in der 29. Kalenderwoche«, sagte der Verkäufer. Das war dumm, denn der Geburtstermin lag in der 27. Kalenderwoche. Zum Glück wurde unser Kind später geliefert als geplant. Und so passte es dann doch ganz gut.

In der 50. Kalenderwoche des Jahres 2000 lief mir zum ersten Mal eine Teeflasche in meiner großen Ledertasche aus. Es folgten geriebener Apfel, Karottenmus, Bananenjoghurt. Schließlich roch meine Tasche so undefinierbar, dass Jochen behauptete, sie wäre ein Fall für die Drogenfahndung.

Im Mai 2003 – ich war wieder im achten Monat, und zwar mit Jette – stellten wir fest, dass unser avantgardistischer Joggerkinderwagen kurz vor dem Zusammenbruch war. Außerdem hatte er hinten keine Achse, an der sich ein Kiddy-Board für Clara befestigen ließ. Weil wir aber nicht noch mal 500 Euro für eine hippe Karre ausgeben wollten, guckten wir in der Stadtteilzeitung nach gebrauchten Modellen. Wir fanden auch eins, das gut in Schuss war. Es kostete 50 Euro. Und hatte viel zu bieten: vier statt drei Räder, kiddyboardtaugliche Achse, Sommerfußsack, Winterfußsack, Sonnenschirm, Regenhaut. Und: eine schlammfarbene Wickeltasche mit beigem Streifendekor. Unnötig zu erwähnen, dass auch der Kinderwagen schlammfarben war, mit beigem Dekor. »Den nehmen wir«, sagte ich entschlossen zu Jochen und zückte umgehend den Fünfziger, noch bevor mein Mann »Ja, aber, du wolltest doch nie, nie ...« sagen konnte.

Nachsatz zum Vorsatz vom Mai 2000: Inzwischen ist unser Haushalt schon länger kinderwagenfreie Zone: Der blaue Jogger hatte einen Achsenbruch, den schlammfarbenen habe ich samt Kiddyboard weiterverkauft, unser Buggy wurde im Hausflur geklaut, und der Sonnenschirm fiel beim Aussteigen in den U-Bahn-Schacht. Nur die beige Wickeltasche ist noch da: Die Mädels spielen damit Arzt. Oder feine Dame: »Wissen Sie«, hörte ich die Trendberaterin (Clara) neulich sagen, »bääsch« ist diesen

Sommer sehr modern.« »Das ist kein Bääsch«, sagte die feine Dame (Jette), »das ist Kacki. Aber ich nehm die Tasche trotzdem.«

ZWEITER VORSATZ VOM 18. MAI 2000:

»Ich bin ja bald wieder da!«

Am 18. Mai 2000 war mein letzter Arbeitstag. Ich hatte mein Büro tiptop aufgeräumt und die Kollegen zu Kaffee und Kuchen eingeladen. Die Kollegen überreichten mir zum Abschied einen Tummy Tub – einen überdimensionalen Plastikeimer, in dem moderne junge Mütter um die Jahrtausendwende ihre Babys badeten – und es schien mir, als guckten sie so, als wäre ich für immer verloren. »Ach«, sagte ich daraufhin heiter in die Runde, »ich bin ja bald wieder da.« Und das glaubte ich auch selber.

Was ich bei meinem Vorsatz nicht berücksichtigte: Kinder kriegt man nicht mit dem Kopf, sondern mit dem Bauch. Und Kinder haben fühlt sich hinterher immer ganz anders an, als man vorher denkt. So schrieb ich schon am 9. Juli in mein Tagebuch: »Dieses kleine Wunderwesen gebe ich niemals wieder her!« Damals war Clara drei Tage alt, und ich beobachtete mit großer Verzückung, wie sie in ihrem Klinik-Wägelchen Grimassen schnitt und mit den Armen ruderte. »Das sind die Hormone«, sagte Jochen damals über meine Allesmeins-Attitüde.

Ein Jahr später – mein Hormonpegel war längst wieder auf normalem Niveau – hatte sich an meinen Gefühlen allerdings nicht viel verändert: Ich brachte es einfach nicht übers Herz, Clara in eine Krippe zu tun, außerdem hatte ich gar keinen Krippenplatz. »Na ja«, sagte mein Chef, »schreiben kann man ja auch zu Hause.«

Nach zwei Jahren hatten wir zwar einen Krippenplatz, aber (entgegen meinen ursprünglichen Vorsätzen) auch ziemlich Lust auf ein zweites Kind. Nach drei Jahren hatte Clara eine kleine Schwester, und ich war zu Hause ziemlich beschäftigt. Nach vier Jahren, ja, nach vier Jahren, fiel mir die Decke auf den Kopf. Aber gewaltig!

»Ich glaube, ich muss jetzt wirklich ganz schnell zurück in die Redaktion«, sagte ich zu Jochen. »Ja«, sagte Jochen, »aber vorher ziehen wir noch um.«

Nachsatz zum Vorsatz vom 18. Mai 2000: Im Frühling 2005 saß ich endlich wieder in meinem Büro und schrieb die erste Folge vom »Alltag mit zwei Kindern«. Ich war fast fünf Jahre weg gewesen, statt des alten Chefs hatte ich jetzt eine neue Chefin. Und ein paar neue Kollegen. Am ersten Arbeitstag schneiten alle herein und sagten: »Super, dass du wieder da bist! Wir brauchen dich hier.« Eine Kollegin fragte: »Wie lange warst du jetzt weg, ein oder zwei Jahre?« »Na ja«, sagte ich, »auf jeden Fall länger, als Babys in Tummy Tubs passen.« »Also hier«, sagte die Kollegin, »ist eigentlich alles beim Alten.«

DRITTER VORSATZ VOM 30. MAI 2000:

»Bei uns gibt es nur vernünftiges Spielzeug!«

Man kennt diese Bilder: Kleine Kinder sitzen in vollen Kinderzimmern und wissen nicht, was sie spielen sollen, weil sie von allem zu viel haben! »Das machen wir nicht«, sagte ich zu Jochen, als ich kurz vor der Geburt mit einem anthroposophischen Fingerpuppenset nach Hause kam. »Wir kaufen nur ganz wenig: schöne Sachen, die die Fantasie fördern und lange halten.« Die Fingerpuppen entsprachen eindeutig diesen Anforderungen, auch das schöne alte Schaukelpferd, das wir Clara zum ersten Geburtstag schenkten. Damals dauerte Kinderzimmer-Aufräumen gerade mal drei Minuten, und ich war ausgesprochen zufrieden mit meiner Erziehung zum gemäßigten Konsum. Doch was ist passiert? Kaum sind ein paar Jahre vergangen, gibt es in unseren Kinderzimmern diverse armamputierte Barbies. Und rosa Plastikhandys, die unaufhörlich mit elektronischer Stimme fragen: »Was machst du?« Unsere Brettspiele zeichnen sich dadurch aus, dass die Anleitungen fehlen und die Würfel. Und die Schubladen gehen oft nicht auf, weil eines der 34 Glitzerschlüsselbänder den Ausziehmechanismus verklemmt. »Wo kommt bloß der ganze Plunder her?«, frage ich jedes Mal fassungslos. Die Liste der edlen Spender ist lang: nette Apothekenhelferinnen, nette Schuhverkäuferinnen, Omas, Opas, Patentanten, Nachbarn mit älteren Kindern, die ihren eigenen Plunder loswerden wollen, nette Kindsväter ...

Unserer kam irgendwann mal mit einem Hund nach Haus, der dank Batterie bellen, schlürfen und Pipi machen kann, wobei das Schlürfen klingt wie ein mittelschwerer Asthmaanfall. Doch für Jette war der asthmatische Plüschhund die Schau – täglich pinkelte er unter ihrer Aufsicht auf den Küchenboden.

Nachsatz zum Vorsatz vom 30. Mai 2000: Es gibt schönes, pädagogisch wertvolles Spielzeug, mit dem man Eltern erfreuen kann. Kinder jedoch setzen ab dem zweiten Geburtstag ihren ganzen Charme ein, um ein anderes Ziel zu erreichen: nämlich piepsende Scheußlichkeiten aus Polymerverbindungen in ihren Kinderzimmern anzuhäufen. Widerstand zwecklos!

Wie Sie sehen, ist aus meinen Vorsätzen vom Mai 2000 nicht viel geworden. Und weil ich dringend ein Erfolgserlebnis brauche, werde ich mir jetzt was weniger Kühnes vornehmen: Ich werde in Zukunft nicht rauchen. Das müsste klappen! Denn ich bin schon immer Nichtraucherin. Aber fragen Sie mich nächstes Jahr im Mai noch mal! Vielleicht fördert die dauerhafte Anwesenheit von pinkelnden Plüschhunden das mütterliche Suchtverhalten. Wer mit Kindern lebt, weiß schließlich nie so genau, was ihm noch blüht.

Mietest du noch oder baust du schon?

Mit Kindern wird die Wohnfrage kompliziert. Ich brauche jedenfalls ein paar Kunstgriffe, um das locker hinzukriegen!

Die Kunst, sich kein Reihenmittelhaus zu kaufen

Kennen Sie den »Wir-ziehen-raus-ins-Grüne-Reflex«? Dieser Reflex überfällt Stadtmenschen für gewöhnlich, wenn sie erfahren, dass sie Eltern werden. Der »Raus-ins-Grüne-Reflex« tritt meist zusammen mit dem »Wir-kaufen-uns-was-Eigenes-Reflex« auf.

Man könnte das Ganze auch Nestbau-Trieb nennen. Aufwendig ist es in jedem Fall: Man braucht nämlich einen guten Bankberater und eine großzügige Erbtante. Man braucht viel Superbleifrei, um regelmäßig Besichtigungstermine auf dem Land wahrzunehmen. Man braucht viel Fantasie, um sich vorzustellen, wie viel Sonne nachmittags um drei in das Kinderzimmer des Reihenmittelhauses fällt, das noch gar nicht gebaut ist. Man braucht viel Mut und viele schlaflose Nächte, um zu einer Entscheidung zu kommen. Und ist die Entscheidung gefallen, braucht man viele Baumärkte, um die Badezimmerkacheln zu finden, die man sich vorgestellt hat.

Doch der Nestbau-Trieb ist stark. Und er macht, dass sehr viele Menschen diese Mühen auf sich nehmen: Die Statistik sagt, zwei Drittel aller Familien mit zwei Kindern wohnen im eigenen Heim. Viele von ihnen kaufen Reihenhäuser oder bauen Doppelhaushälften. Und ich bin sicher, das ist eine große Kunst.

Jochen und ich beherrschen diese Kunst nicht. Dafür gibt es Gründe. Einer ist der Kindsvater selbst: Er will nicht aufs Land! Ein anderer ist die Region München und die Tatsache, dass selbst klitzekleine Reihenmittelhäuser hier so teuer sind, dass auch die großzügigste Erbtante erblassen würde – wenn wir eine hätten.

Deshalb beherrschen wir inzwischen eine andere Kunst: Wir schaffen es, ganz lässig zu behaupten, dass es auch mit Kindern durchaus Vorteile hat, zur Miete und in der Stadt zu wohnen. Und wenn nötig, können wir das weiter erläutern. Wir bringen es fertig, Kindergeburtstage unter Kastanien zu feiern, die nicht in unserem Garten stehen. Wir können in Baumärkte gehen und völlig teilnahmslos an den Badezimmerkacheln vorbeischlendern. Und wenn, wie dieser Tage geschehen, ein windiges Gewitter die Pfannen vom Dach schubst, können wir ganz entspannt auf den Dachdecker warten.

Sie müssen zugeben: So viel Ignoranz ist eine reife Leistung! Und ich muss zugeben: Es war nicht einfach! Mein Nestbau-Trieb hat sich immer wieder heftig gewehrt. Inzwischen gibt er Ruhe. Dafür belohne ich ihn ab und zu. Neulich habe ich ihm von einem Landausflug einen wunderschönen Sommerblumenstrauß mitgebracht. Er hat nur beiläufig gefragt: Und, wie war's?

Die Kunst, einen netten Nachbarn zu finden

Will man in der Stadt wohnen, hat man Nachbarn. Wohnt man wie wir sogar in einer Großstadt, hat man viele Nachbarn. Das Problem dabei: Menschen mit Kindern sind meistens laut. Und Menschen, die wie wir mit Kindern in einer Etagenwohnung wohnen und einen alten, geölten, nicht trittschallgedämpften Holzfußboden haben, sind meistens sehr laut. Haben diese Menschen dann auch noch zwei Mädchen, die in bestimmten Entwicklungsphasen nichts Schöneres kennen, als mit Mamas Klackerschuhen über den Holzfußboden zu stolzieren, sind diese Menschen vermutlich die Hölle. Jedenfalls für die, die unter der Etagenwohnung wohnen.

In unserem Fall ist das ein pensionierter Lehrer. »Das könnte ein Problem werden«, sagte ich zu Jochen, als wir einzogen. »Ja«, sagte Jochen, kaufte eine gute Flasche Rotwein und lud den pensionierten Lehrer in unsere Küche ein. Er kam tatsächlich, und es war sehr nett! Nach dem Wein gab es noch weitere prophylaktische Bestechungsversuche mit selbst gebackenem Butterkuchen und gelegentlichen Pläuschen im Hof. Und, was soll ich sagen: Unser pensionierter Lehrer ist die Wucht. Er hat sich in dreieinhalb Jahren noch nicht ein einziges Mal beschwert. Nur einmal machte er mich nachdenklich. Das war an einem Tag, an dem ich morgens heftig mit meinen Töchtern gestritten hatte, weil sie mal wieder den Kühlschrank nicht zugemacht hatten. Ich lief nachmittags die Treppe hinunter, als unser Nachbar gerade seine Tür zuschloss und ganz unvermittelt sagte: »So, so, Sie pflegen also einen demokratischen Erziehungsstil.« Als ich ihn stirnrunzelnd ansah, sagte er: »Na ja, Ihre Kinder schreien zurück!«

Die Kunst, keine Angst vor Verona zu haben

Eine Begleiterscheinung von Mietwohnungen in der Stadt ist auch: Egal, wie groß sie sind – sie sind immer zu klein. Und es fehlt immer ein Zimmer. Irgendwo habe ich gelesen, dass der bundesdeutsche Durchschnittsbürger 40,7 Quadratmeter zur Verfügung hat. Im Saarland sollen es sogar 46 sein. Wie viele es in München sind, stand nicht dabei. Fakt ist, wir haben pro Nase 24,9 Quadratmeter. Und Jette hat bloß sieben. Ich finde, es sind sieben sehr charmante Quadratmeter mit einem hübschen weißen Sprossenfenster und einem zitronengelben Bett, über dem ein Bild hängt mit der

B-Mannschaft der Bremer Stadtmusikanten: Schwein, Huhn, Fisch, Schmetterling. Und unter dem jede Menge Platz für Spielzeug ist. Auch sonst haben wir alle Tricks befolgt, die Wohnzeitschriften für kleine Räume parat haben: helle Farben, unsichtbaren Stauraum, multifunktionale Möbel. Und berücksichtigt man, dass Jette bloß einen Meter sechzehn groß ist, sind diese sieben Quadratmeter, proportional gesehen, natürlich mindestens so wie gefühlte elf Quadratmeter. Kurz: Bisher hatte ich nie wirklich Sorge, dass mein Kind leiden könnte.

Bis ich in einer Talkshow Verona Pooth sah. Die erzählte von ihrer Helfershow. Und wie sie mit ihren Aktionen als »Engel im Einsatz« Menschen glücklich gemacht habe. Sie sagte, es gäbe doch tatsächlich in diesem Land Kinder, die hätten Kinderzimmer von sechs Quadratmetern. Dabei guckte sie sehr betroffen. Ich guckte auch sehr betroffen. Und lebe seither in der Angst, ein Privatsender könnte demnächst vor meiner Tür stehen, mit Kamerateam und Beleuchter und dem Ansinnen, sich Jettes Kinderzimmer vorzuknöpfen. Und mich zu Tränen der Rührung zu veranlassen, wenn hinterher alles viel, viel schöner ist.

Die Kunst, kein Flusspferd im Flur zu haben

Da wir gerade bei den Kinderzimmern sind: Kinderzimmer haben die merkwürdige Angewohnheit, zu wuchern. Große Kinderzimmer wie das von Clara wuchern dabei genauso wie kleine Kinderzimmer, in denen Jette mit ihren vier Bremer Stadtmusikanten wohnt. Kinderzimmerwuchern ist eine schleichende Angelegenheit: Zuerst hängt draußen an der Zimmertür nur ein hübsches Foto von der Bewohnerin. Dann kommt ein schlichter Zettel dazu, auf den jemand »Hier woone ich, nicht schtörn« gekritzelt hat. Dann kommt das erste Pferdeposter. Und dann kommt die Entdeckung, dass die Apotheke drüben jeden Monat eine kostenlose Kinderzeitschrift im Ständer hat, inklusive Poster. Ginge es nach meinen Kindern, wäre unser Flur bevölkert von knuffigen Hamstern, Flusspferdbabys und eisbärigen Nachfahren von Knut. Dazu die Salzteigschilder aus dem Kindergarten. Und das selbst gebastelte Mobile aus Pfeifenputzern.

Hätte ich jetzt ein Häuschen im Grünen, würde ich wohl die schönsten Kunstwerke rahmen und ins Treppenhaus hängen. Da mir diese Möglichkeit verwehrt bleibt (siehe oben), muss ich vor allem eins sein: nämlich wachsam. Ich muss das Wuchern im Frühstadium erkennen. Und ganz laut »Nein« schreien. Dann trollen sich die Flusspferde und Eisbären-Kinder zurück in die Kinderzimmer. Und gehen dort die Wände hoch. Einige wenige schaffen es auch bis zur Kühlschranktür. Bei uns ist der aktuelle Wochengewinner ein wilder Kerl. Den hat Jette mit Wachsmalstiften gemalt. Und er hat einen sehr großen Mund. »Damit isst er Wiener Würstchen«, sagt Jette. Und es stimmt: Von den sechs Wienern, die ich heute Morgen fürs Abendessen gekauft habe, sind bloß noch drei da.

Die Kunst, wohnsinnig zu werden. Und nicht wahnsinnig

Wenn ich ehrlich bin, dann muss ich gestehen: Das Wohnen mit Kindern ist eine besondere Herausforderung. Manchmal sehne ich mich nach Sofas, bei deren Kauf ich nicht als Erstes frage: Ist der Bezug waschbar? Sondern: Gefällt es mir? Ich sehne mich nach dekorativen Bodenvasen aus bruchsicherem Glas, die mit dem Fußboden verschraubt sind. Und: Ich sehne mich nach Spielzeugkisten, die sich automatisch sortieren. Allerdings führt das Sehnen meistens zu nichts. Denn immer wenn ich es mir auf meinem waschbaren Sofa gemütlich machen will, um mich ordentlich zu sehnen, kommt etwas dazwischen. Zum Beispiel diese Frage: Werden Meerschweinchen depressiv, wenn ihr Stall (aus Platzgründen) unter dem Kinderhochbett stehen muss? Nein – behaupten meine Kinder. Ja – behaupte ich. Und Jochen? Hält ohnehin einen Goldfisch für die beste Lösung. Ist das jetzt Wahnsinn? Oder Wohnsinn?

Gehst du – oder muss ich?

Mit dieser Frage müssen sich alle Menschen rumschlagen, die ihren Familienalltag auf neumodische Art organisieren – wie Jochen und ich. Hier ein paar strategische Tipps.

Vor einiger Zeit beim Frühstück – ein herrlicher Sommersonntagvormittag. Ich sitze mit Jochen in Ruhe am Tisch, im Hintergrund der Soul von Adele, vor mir ein Brötchen mit selbst gemachter Erdbeermarmelade, die meine fränkische Schwiegermutter per Carepaket geschickt hat. Alles ist wunderbar, doch dann, exakt in dem Moment, da ich schon den Mund aufmache, die Erdbeeren rieche und mich freue, dass ich gleich den Sommer schmecken werde, genau in diesem Moment ertönt ein Schlachtruf, der mich erbleichen lässt: »Ich bin fäärtich!«

Eigentlich drei harmlose Wörter – kämen sie nicht aus dem Bad und aus Jettes Mund. Befindet sich ein Kindergartenkind im Bad und brüllt »Ich bin fäärtich«, ist dies nämlich keine Feststellung, sondern ein Befehl.

Und der lautet: »Kann mir mal einer beim Poabputzen helfen?« »Einer« bedeutet: Mama oder Papa. Und damit steht sie mal wieder im Raum, die Kardinalfrage: Gehst du, oder muss ich?

Ja, ich gestehe, wir stellen diese Frage relativ oft. Vermutlich liegt das an der neumodischen Art, in der Jochen und ich unseren Familienalltag organisieren: Wir machen beide beides – Job und Kinder. Diese partnerschaftliche Art der Lebensführung hat eine Reihe von Vorteilen, führt aber mitunter dazu, dass unsere Aufgabenbereiche nicht streng voneinander getrennt sind und ebenso wenig die damit verbundenen unangenehmen Pflichten. So findet man mich gelegentlich fluchend auf dem Wohnzimmerteppich, wo ich blöde Steuerbelege in Klarsichthüllen sortiere und behördliche Mantelbögen ausfülle, die ich nur begrenzt verstehe.

Oder ich lungere in Werkstätten rum, weil das Auto komische Geräusche macht.

Im Gegenzug kommt Jochen nicht drumherum, ab und an ein warmes Mittagessen zu kochen – oder kleinen Mädchen bei der Toilettenhygiene zu assistieren ...

Theoretisch jedenfalls. In der Praxis ist die Sache natürlich nicht ganz so einfach. Denn wenn ich nicht müssen mag, bedeutet das noch lange nicht, dass Jochen wollen muss – und umgekehrt. Hinzu kommt: Gehst-du-oder-muss-ich-Fragen haben die Angewohnheit, aus heiterem Himmel aufzutauchen, und dann ist keine Zeit, eine Familienkonferenz zu veranstalten.

Deshalb suche ich laufend nach schnellen Alternativen, mit denen ich mich erfolgreich drücken kann. Hier einige Varianten, die ich bereits getestet habe:

STRATEGIE EINS: der Dackelblick

Der Dackelblick ist eine weibliche Domäne: Er muss flehend sein und Beschützerinstinkte wecken. Der Partner sollte sofort spüren: Das kann ich ihr jetzt auf keinen Fall noch zumuten, ohne einen mittelschweren Nervenzusammenbruch zu riskieren. Langwimprige, braun- oder kulleräugige Menschen haben es meist ein wenig leichter, den Dackelblick gut hinzukriegen. Ich setze ihn bevorzugt ein, wenn der dritte Elternabend innerhalb von zehn Tagen ansteht und mein Rücken schon beim Gedanken an die geschrumpften Kinderstühle Skoliose kriegt. Oder wenn ich für Jette eine neue Jacke gekauft habe, die nicht passt und/oder bescheuert aussieht. Und deshalb dringend umgetauscht werden muss – was mir aber superunangenehm ist, weil ich den Bon verschlampt habe!

Testurteil: Bei Jochen hat der Dackelblick immer funktioniert. Er ist im Laufe der Jahre ein begnadeter Kinderklamottenumtauscher geworden und schafft es, sogar dann das Geld zurückzukriegen, wenn die Kinder die Etiketten bereits abgeschnitten haben. Allerdings ist meine Dackelblick-Erfolgsquote schlechter geworden, seit ich eine Brille trage. Offensichtlich kommt mein Flehen nicht so gut rüber, wenn sich zwischen Dackel und Adressaten vier Dioptrien und ein strenges Horngestell befinden.

STRATEGIE ZWEI: das ernste Wörtchen

Ich weiß nicht, wie es bei Ihnen ist, aber bei uns hat die Statistik Schieflage: Nehmen wir zum Beispiel den letzten Samstag. An diesem Tag riefen die Kinder 31-mal Mama und nur zwölfmal Papa. Sie riefen: »Mama, wo sind meine Haarklämmerchen?« Und: »Mama, der Reißverschluss geht nicht.« »Mama, ich will ein Eis.« Und: »Mama, holst du mir die Inline-Skater vom Schrank?« Diese Mamamanie beobachte ich schon seit Längerem.

Und ich fühle mich dadurch bei der Gehst-du-oder-muss-ich-Frage benachteiligt. Denn wenn die Kinder »Mama« rufen, ist klar, wer gehen muss: ich. Kürzlich habe ich deshalb mit den Kindern ein ernstes Wörtchen geredet: Ich habe mir zum Muttertag gewünscht, dass sie die Statistik in Ordnung bringen – und öfter mal »Papa« rufen. Das klappte am Anfang ganz gut. Neulich zum Beispiel riefen sie: »Papa, können wir ein Eis?« Und Jochen sagte: »Ja!« Sie riefen auch: »Papa, der Reißverschluss klemmt!« Und Jochen pfriemelte das Futter aus den Zacken. Doch dann riefen sie: »Wo sind Haarklämmerchen?« Und Jochen sagte: »Da müsst ihr Mama fragen.« Und gestern Nacht gegen null Uhr 30 war ich komplett desillusioniert. Jette rief: »Papa, da ist ein Spunk unter meiner Kommode! Papa, ein Spunk!« Doch Jochen rührte sich nicht. Er schlief fest und zuckte nicht mal mit der Wimper. Stattdessen saß ich bereits nach dem ersten Schreckensschrei unserer Tochter senkrecht im Bett, war hellwach und konnte auch nach erfolgter Spunkjagd nicht wieder einschlafen.

Testurteil: Das ernste Wörtchen ist einen Versuch wert. Aber nur am Tag. In der Nacht sind die meisten Papas im Koma und können nicht – auch wenn sie müssten!

STRATEGIE DREI: die fehlende Zitrone

Kinderlose Bestseller-Autoren wie Hape Kerkeling schaffen es bis auf den Jakobsweg. Mir reicht ein Ausflug zum Altglascontainer. Oder die Feststellung, dass ich ganz dringend noch Zitronen brauche. Hauptsache, ich bin dann mal weg. Oder sagen wir: kurzfristig unauffindbar. Zum Beispiel dann, wenn die Kinder mit der Uno-Schachtel herumfuchteln (kein Mensch kann 13-mal in der Woche Karten spielen und immer verlieren). Oder wenn sie mit selbst gebastelten Eintrittskarten wedeln, auf denen steht: »Zirkus Fidellini, letzte Vorstellung vor der Sommerpause« (kein Mensch kann täglich Zirkusvorführungen beklatschen, bei denen sich ein wild gewordenes Sumpfkrokodil in Strumpfhosen festbeißt und eine Balletttänzerin lauter schiefe Purzelbäume macht).

Bis vor Kurzem gab es noch eine dritte Situation, in der ich den starken Drang verspürte, Zitronen kaufen zu gehen. Und das war immer dann, wenn ein Kind mit Lesebuch auftauchte: Eine Leseanfängerin mit offenen Ohren zu begleiten, ohne nervös zu werden, ist nämlich eine echte Herausforderung. Nicht nur, weil Erstklass-Lesebücher dubiose Geschichten erzählen von Mimis, die mitunter muntere Mäuse melken, und Tassilos, die tapfer in Türmen turnen. Sondern auch, weil Erstklässler sich jede Silbe in Zeitlupe erarbeiten müssen und dabei nicht immer zu dudentauglichen Ergebnissen kommen. Oder haben Sie etwa schon mal von Geh-Eulen und Limof-Laschen gehört?

Testurteil: Die fehlende Zitrone ist eine zuverlässige Strategie, um sich zu drücken. Allerdings muss man damit rechnen, dass der Partner spätestens bei der siebten Zitrone das Spiel durchschaut. Und ziemlich sauer wird!

STRATEGIE VIER: die einfache Lösung

Kommen wir noch mal zurück zu unserem Sonntagsfrühstück. Was kann man tun, wenn das Kind den Po abgeputzt haben will, während man gerade in ein Marmeladenbrötchen beißen möchte? Man kann sich drücken und dabei Strategie eins oder auch drei anwenden. Drei eignet sich allerdings sonntags nur bedingt – es sei denn, es gibt in der Nähe einen Altglascontainer ohne Anwohner, die auf ihre Ruhezeiten pochen. Oder eine 24-Stunden-Tankstelle, die auch Zitronen verkauft. Man kann aber auch Strategie vier ausprobieren: die einfache Lösung. Und genau das taten Jochen und ich. Wir guckten uns an diesem Sonntagmorgen tief in die Augen, und dann riefen wir einstimmig: »Mensch, Jette, das kannst du doch längst selber!« Danach hörten wir nur noch das Rauschen der Spülung.

Und ein Mädchen, das seine Hände in Unschuld wusch.

Testurteil: Auf die einfachen Sachen kommt man immer zuletzt!

Die große Freiheit
fängt klein an

Wenn Kinder selbstständiger werden, verändert sich auch für ihre Eltern eine Menge. Ich jedenfalls entdecke ganz neue Seiten an meinem Leben.

Es ist gerade mal einen Sommer her, da war ich noch voller Sehnsucht. Ich sehnte mich danach, an einem ganz normalen Mittwochnachmittag am Küchentisch zu sitzen, Kaffee zu trinken und die Seite drei in der »Süddeutschen Zeitung« zu lesen. Allein. Die Kinder, so träumte ich kühn, würden draußen spielen. Und alle halbe Stunde mal vorbeischauen, um was zu trinken. Oder mir Geld für ein Stängeleis abzuschwatzen.

Doch noch im letzten Sommer sehnte ich mich vergeblich. Denn noch im letzten Sommer hatte Clara zu viel Angst, um draußen für längere Zeit auf Erkundungstour zu gehen. Und Jette hatte zu wenig Angst: Ließ man sie allein in den Hof oder auf die umliegenden Grünflächen, musste man permanent fürchten, sie würde kopfüber in den nächsten Brunnen stürzen. Oder mit ihrem Fahrrad in ein parkendes Auto krachen.

So kamen und gingen die Mittwochnachmittage. Und so kam und ging die Seite drei. Meistens landete sie abends ungelesen im Altpapier – und für mich endete wieder ein Tag als politisch ungebildeter Mensch.

Und dann plötzlich war er da: Der! Mittwochnachmittag! Es war ein Mittwoch im April. Und die Seite drei begann mit dem mysteriösen Satz »Mit Lucky fängt das Unglück an«. Ich begann zu lesen, rechnete aber damit, dass ich nicht weit kommen würde auf meiner Reise in die Weltpolitik! Denn die Kinder waren gerade runter zur Garage gegangen, die Stelzen holen. Gleich würden sie rufen, weil der Schlüssel klemmte und sie die Garage nicht aufkriegten. Und dann würde ich unten bleiben und Hilfestellung geben beim Stelzenlaufen. Oder den Sattel vom Fahrrad hochstellen. Oder das Springseil suchen. Doch es kam anders: Ich las die Seite drei! Vom ersten bis zum letzten Satz. Ich erfuhr, dass »Lucky« ein amerikanischer Billigreis ist, der in Haiti die Landwirtschaft ruiniert. Und dass die Leute dort viel Wut im Bauch haben. Und wenig zu essen. Danach räumte ich die Spülmaschine aus und füllte Klarspüler nach. Danach sortierte ich Wäsche, kochte Kaffee und aß elf (!) Waffelröllchen.

Und danach kriegte ich einen Schreck, erstens: wegen der elf Waffelröllchen. Und zweitens: wegen der Kinder. Waren die nicht schon ziemlich lange weg? Ich guckte aus dem Fenster und scannte den Hof. Kein

Kind zu sehen. Dann inspizierte ich die Wiese hinterm Haus. Da hinten waren sie! Zusammen mit zwei Nachbarskindern. Sie suchten Schnecken. Und es gab keine Anzeichen, dass Jette in der letzten Stunde ein parkendes Auto demoliert hätte oder in ein Wasserloch gefallen wäre. Sollte dieser denkwürdige Mittwochnachmittag der Beginn einer neuen Zeitrechnung sein?

Als Jochen abends nach Hause kam, war ich sentimental. »Plötzlich sind sie groß«, sagte ich zu meinem Mann. Doch der lachte und meinte: »Groß sind sie noch lange nicht. Bloß ein bisschen selbstständiger!«

Natürlich hatte Jochen recht. Und natürlich war das mit der Selbstständigkeit auch gar nicht so plötzlich gekommen. Nein, der freie Mittwochnachmittag hatte sich schon länger angebahnt. Und weil es sein könnte, dass auch Sie sich gerade in einer solch hoffnungsvollen Anbahnungsphase befinden, habe ich hier eine kleine Checkliste zusammengestellt, mit der Sie klären können, wo Sie stehen auf Ihrem Weg in die große Freiheit:

Nennt Ihr Kind die Dinge beim Namen?

Zu wissen, wer man ist und wo man herkommt, ist ein großer Schritt in Sachen Selbstständigkeitsentwicklung. Meine Kinder gehen diesen Schritt inzwischen mit der Akribie eines Steckbriefs: Neulich war ich mit Jette in der Stadt, neue Kleider kaufen. Wir trafen eine Bekannte. Und nachdem wir uns kurz begrüßt und ein bisschen gesmalltalkt hatten, fragte die Bekannte mit Blick auf mein Kind: »Ja, und wer bist du?« Daraufhin teilte Jette ihr unverzüglich mit: »Ich bin Jette-Marlene Willers!« Es folgten Straße, Hausnummer, Postleitzahl, Bundesland. Am Ende noch die Telefonnummer mit Vorwahl und die Information, dass es sich um einen Anschluss in München handele. »Aha«, sagte die Bekannte sichtlich beeindruckt. »Und weißt du auch deine Blutgruppe?« Jette schüttelte den Kopf und beendete das Gespräch mit dem Hinweis, im Kindergarten sei sie in der grünen Gruppe gewesen. Aber jetzt wolle sie ganz sofort ein Eis!

Sagt Ihr Kind um 18 Uhr 55, dass es jetzt 18 Uhr 55 ist – und dass es deshalb auf keinen Fall aufräumen kann?

Es gibt viele Möglichkeiten, auf einen Satz wie »Jetzt wird aufgeräumt« zu antworten. Hier eine kleine Auswahl aus dem Repertoire meiner Kinder: Nö! Ja, später! Keine Lust! Haben wir gestern schon! Ist doch gar nicht unordentlich! Das waren wir nicht!

Ich lasse keine dieser Ausreden gelten. Nur eine einzige kann mich wirklich beeindrucken. Und die heißt: »Mama, es ist fünf vor sieben!« Oder, noch toller: »Mama, es ist 18 Uhr 55.« Um 18 Uhr 55 kommt nämlich das Sandmännchen. Und die Tatsache, dass meine Kinder wissen, dass es 18 Uhr 55 ist, erfüllt mich mit Stolz. Man muss sich mal klarmachen, wie kompliziert die Kulturtechnik ist, die festlegt, dass das Sandmännchen dann kommt, wenn der kleine Zeiger so gut wie auf der Sieben steht. Und der große fünf Striche vor der Zwölf. Und dass man auch eigentlich nicht fünf vor sieben sagt, sondern 18 Uhr 55, weil nämlich, wenn das Sandmännchen kommt, der kleine Zeiger schon zum zweiten Mal an diesem Tag beinahe auf der Sieben steht. Ich habe keine Ahnung, wie sich Kinder das merken. Vor allem dann nicht, wenn sie wie Jette eine Plastikuhr am Handgelenk tragen, die ursprünglich mal mit bunten Liebesperlen gefüllt war. Und aufgemalte Zeiger hat, die immer auf »um zwölf« stehen.

Aber egal: Ich finde Kinder, die wissen, wann es 18 Uhr 55 ist, sind schon sehr groß. Sie dürfen ganz allein Sandmännchen gucken. Und hinterher selbstständig aufräumen!

Hat Ihr Kind ein entspanntes Verhältnis zum Medium Wasser?

Mit entspannt meine ich: Es verzichtet in der Badewanne auf ohrenbetäubendes Geschrei und neigt vorschriftsmäßig den Kopf nach hinten, wenn der Shampoo-Schaum rausgebraust werden soll. In öffentlichen Schwimmbädern hingegen verzichtet es ausdrücklich nicht auf ohrenbetäubendes Geschrei, wenn es eine Arschbombe ins tiefe Wasser macht.

Lässt Ihr Kind auch nachts die Hosen runter?

Jette trinkt abends immer viel Früchtetee. Und der muss ein paar Stunden später wieder raus. Unser Kind steht dann auf, wankt wie ferngesteuert in Richtung Bad, geht zur Toilette und wieder ins Bett. Meistens jedenfalls. Denn gelegentlich biegt sie an ihrer Zimmertür nicht rechts ab (wo es zum Bad geht), sondern links (wo es zu unserem Schlafzimmer geht). So kann es passieren, dass ich gegen null Uhr die Augen aufschlage und neben meiner Bettkante ein Kind mit nacktem Po sehe, das im Begriff ist, einen halben Liter Früchtetee auf den Parkettfußboden zu pieseln – weil es im Halbschlaf der Meinung ist, dass der Platz neben meiner Bettkante die Kloschüssel ist. Dieser Irrtum ist unerfreulich. Dennoch sollte man sich klarmachen, dass Kinder, die um Mitternacht die Hosen runterlassen, ziemlich viel können! Denn sie merken nicht nur im Schlaf, dass sie müssen. Sie wissen auch, dass das, was sie müssen, nicht ins Bett gehört!

Stellen Sie beim Abschiedskuss oft fest, dass Ihr Kind die Strumpfhose falsch rum anhat?

Falsch rum angezogene Strumpfhosen sind ein gutes Zeichen! Nur Kinder, die sich ohne Hilfe Erwachsener anziehen, ziehen nämlich ihre Strumpfhosen falsch rum an. Die Wahrscheinlichkeit, dass die Strumpfhose falsch rum sitzt, beträgt bei meinen Kindern etwa 85 Prozent. Es gibt nämlich deutlich mehr Arten, eine Strumpfhose fasch anzuziehen als richtig: Man kann rechts und links vertauschen, vorne und hinten oder das Bein so verdrehen, dass die Ferse vom Fuß oben ist.

Ich habe dafür Verständnis, denn ich halte Strumpfhosen für ein undurchsichtiges Problemfeld: 85 Prozent der Strumpfhosen, die ich länger als eine Stunde trage, haben Laufmaschen. Und das, obwohl ich eigentlich sehr selbstständig bin und es zum Beispiel schaffe, eine Stunde allein in der Küche zu sitzen und die Seite drei zu lesen.

Womit wir wieder am Anfang wären: dem freiem Mittwochnachmittag. Sollten Sie die oben genannten Fragen mit »Ja« beantwortet haben und sollten Sie beim Lesen dieser Geschichte ohne Unterbrechung bis hierher gekommen sein, dann sieht es gut aus für Sie: Ihr Kind ist bereits sehr selbstständig. Bestimmt kann es jetzt auch schon allein zum Bäcker gehen – Waffelröllchen kaufen. Und dann machen Sie es sich richtig schön! Dieses Buch hat schließlich noch mehr Seiten als die fünf, die Sie gerade gelesen haben!

Wie reden die denn über uns?

Einst waren wir Familien »Gedöns« – jetzt sind wir in aller Munde. Allerdings lässt die Wortwahl mitunter zu wünschen übrig. Ein Ausflug in die Welt der verbalen Nebelwerfer.

Als Kind besaß ich einen Karnickelpass. Der Karnickelpass war eine feine Sache, denn man konnte damit zum halben Preis Zug fahren. Das fanden meine Eltern auch gut. Nicht gut fanden sie, dass ich den Karnickelpass Karnickelpass nannte. Ich sollte »Pass für kinderreiche Familien« sagen.

Früher konnte ich diese verbalen Nickeligkeiten meiner Eltern überhaupt nicht nachvollziehen. Später, in den 80er- und 90er-Jahren, habe ich mich nicht mehr für den Karnickelpass interessiert. Genauso wenig, wie sich die Politik in dieser Zeit für Familien mit Kindern interessierte. Es gab sie eben. Sie kriegten Kindergeld, besondere Steuerklassen und im Museum eine Ermäßigung. Aber sonst verlor man nicht viele Worte über diese ganz und gar unwichtige Bevölkerungsgruppe.

Und als Herr Schröder noch Kanzler war, stopfte er die Familie zusammen mit anderem Gedöns wie etwa Frauen und Senioren in ein Ministerium, das zwar einen sehr langen Namen hatte, dafür aber kaum Einfluss auf die große Politik!

Das alles hat sich nun geändert: Wir Familien haben Konjunktur und sind wieder im Gespräch. Wir sollen die Renten sichern, den demografischen Wandel aufhalten, zukünftige Facharbeiter großziehen und überhaupt mehr Leben in die Bude bringen. Die Parteien reißen sich um uns – zumindest verbal.

So verkündete die SPD doch allen Ernstes vor einiger Zeit, sie wolle die Lufthoheit über den Kinderbetten übernehmen, und das klang so kämpferisch, dass wir zu Hause fast ein bisschen Angst bekamen. Zwar stimmt es, dass in unserem Kinderzimmer bisweilen Verteilungskämpfe ausgetragen werden. Der Luftraum blieb aber bisher friedlich. Und auch über den Kinderbetten konnte ich noch nicht viel mehr sichten als Licht und Luft und ab und zu ein harmloses Kissen. Abgesehen davon: Sollte dort ein Ufo auftauchen oder einfach nur ein bisschen dicke Luft, dann werde ich sicher nicht der SPD Bescheid sagen. Sondern selber die Lufthoheit übernehmen. Bis die Luft wieder rein ist.

Ja, die Art, wie über uns Menschen mit Kindern gesprochen wird, ist mitunter recht abenteuerlich. Wörter aber beeinflussen unsere Stimmungen, unsere Wahrnehmungen und unsere Entscheidungen. Sie lenken unser Denken. Deshalb sollten wir genau hinhören.

Clevere Schönfärbereien:
Wie aus weniger mehr wird.

Es gibt Begriffe, die sehr gut klingen – aber eigentlich Mogelpackungen sind. Nehmen wir zum Beispiel den **Erziehungsurlaub**. Ich hatte viereinhalb Jahre Erziehungsurlaub. Und, soll ich Ihnen was sagen: Obwohl mein Urlaub so kolossal lang war, habe ich mich weder erholt noch bin ich besonders braun geworden. Im Gegenteil, nach viereinhalb Jahren Erziehungsurlaub war ich ziemlich blass um die Nase und außerdem total unausgeschlafen. Und ich bat meine Chefin, den Erziehungsurlaub beenden zu dürfen und mich wieder arbeiten zu lassen. Ich glaube, die Leute in Berlin haben auch gemerkt, dass der Erziehungsurlaub nicht hält, was er verspricht. Für viele Mütter war diese Art von Urlaub nämlich nicht nur nicht erholsam, sondern auch eine Reise ohne Rückfahrschein: Nach der Babypause wurde ihnen gekündigt! Deshalb wurde das Ganze vor einiger Zeit umgetauft in: Elternzeit.

Unbedarfte Menschen meinen nun vielleicht, Elternzeit sei die Zeit, die Eltern haben, um mal zusammen ins Kino zu gehen oder romantisch zu essen. Aus gut informierten Kreisen weiß ich allerdings, dass dies nicht unbedingt zutrifft. In der Elternzeit, sagen meine Freundinnen mit kleineren Kindern, ist man genauso unausgeschlafen wie im Erziehungsurlaub. Der große Unterschied ist allerdings: Jetzt sind auch immer mehr Väter blass um die Nase.

Ebenfalls in die Abteilung Mogelpackung gehört **die frühkindliche Bildungsstätte**. Die frühkindlichen Bildungsstätten, in denen meine Kinder sich aufhielten, sahen so aus: Es gab viele Kinder und wenig Erzieherinnen. Das nennt man Betreuungsschlüssel. Wurde eine Erzieherin krank, gab es meistens keine Vertretung. Das wiederum nenne ich ärgerlich. Denn nun musste die frühkindliche Bildung leider ausfallen. Dafür wurde gespielt, was ich als Mutter gar nicht mal so tragisch fände, würde nicht ständig behauptet, ohne frühkindliche Bildung ließe man entscheidende Lernfenster ungenutzt verstreichen. Ich bin deshalb dafür, dass man die frühkindliche Bildungsstätte weiter Kindergarten nennt. Oder meinetwegen auch Kita. Das ist ehrlicher!

Sprachforscher nennen diese verbalen Schönfärbereien übrigens Euphemismen. Euphemismen sind sehr gut, wenn man eine Wahl gewinnen will. Und deshalb lieben Politiker Euphemismen – nicht nur die aus dem Familienministerium. Sie sprechen von **Entsorgungsparks** und meinen Atommüllanlagen. Sie sprechen von **Seniorenresidenz** und meinen Altenheim. Und sie reden im Radio von drohendem **Nullwachstum** und bringen Mütter von Grundschulkindern in unmögliche Situationen.

»Mama«, fragte Clara neulich, »wie geht das, wenn eine Null wächst?« Wir rechneten: Null mal null ist null. Null mal sieben ist auch null. Und zwei Nullen nebeneinander bedeutet nicht Wachstum, sondern WC.

»Die im Radio können nicht rechnen!«, sagte Clara. Und ich wusste genau, was sie dachte: Wieso müssen wir Kinder das Einmaleins üben, wenn die Großen, die fünfmal so alt sind, das noch nicht mal können??

Kleine Gemeinheiten. Oder: Wie man Gutes schlechtmacht

Manchmal machen Wörter die Dinge schöner, als sie eigentlich sind. Manchmal aber auch schlechter. Nehmen wir zum Beispiel **die Rabenmutter**. Menschliche Rabenmütter tun ja bekanntlich schreckliche Dinge. Sie finden, dass ihr Erziehungsurlaub irgendwie nicht das ist, was er verspricht, und suchen deshalb einen Betreuungsplatz in einer frühkindlichen Bildungsstätte, um wieder berufstätig sein zu können. Rabenmütter haben sich schlecht zu fühlen. Und wenn sie sich nicht schlecht fühlen, dann sind sie ganz schlimme Rabenmütter.

Das Paradoxe dabei ist: Richtige Rabenmütter sind gar keine Rabenmütter. Das weiß ich deshalb so genau, weil ich vor Kurzem eine kennengelernt habe: Ich war gerade dabei, mit Jette Boule zu spielen, da hüpfte sie bei uns im Hof umher und gab ihrem Rabenkind krächzende Anweisungen, die ich in etwa so übersetzen würde: Also, mein Kind, die Nesthockerei hat jetzt ein Ende. Du musst raus in die Welt und selbstständig werden. Ja klar, ich bleibe in der Nähe: Ich bringe dir ein paar Würmer zur Stärkung. Und wenn dieses kleine freche Mädchen da mit der Boulekugel, diese Jette, dich ärgert, dann zwick ich sie ins Bein. Aber das Fliegen, das musst du alleine schaffen!

Ganz ehrlich: Ich finde diesen pädagogischen Ansatz wunderbar: lange Leine, klare Ansagen, Hilfe zur Selbsthilfe – und fürsorglicher Schutz, wenn's hart auf hart kommt. Das Rabenkind konnte übrigens zwei Tage später fliegen und saß krächzend auf dem Dach über Jettes Fenster. Die Rabenmutter saß in unserer Hoflinde, und ich glaube, sie war sehr stolz.

Fassen wir zusammen: Rabenmütter sind keine Glucken – aber sie nehmen ihren Erziehungsauftrag sehr ernst. Und deshalb bin ich gern eine Rabenmutter! Sowieso frage ich mich, was die Alternative wäre: Ich meine, wenn ich keine Rabenmutter wäre, dann bliebe ich zu Hause – und kriegte vielleicht eine **Herdprämie**. Und natürlich ist die Herdprämie nicht die Prämie, die einem der Ofen zahlt, wenn man ihn mal wieder ordentlich schrubbt. Nein, es ist der Hungerlohn, den Mütter kriegen sollen, wenn sie den Arbeitsmarkt nicht mit ihren exotischen Arbeitszeitwünschen belasten, sondern ihr minderjähriges **Humankapital** rund um die Uhr selber hüten.

Kurz: Die Herdprämie ist eine Beleidigung für alle, die das tun, was früher die Heimchen taten. Und deshalb wurde die Herdprämie auch prämiert genauso wie das Humankapital: Sie waren »Unwörter des Jahres«.

Statt der Herdprämie hätte man übrigens auch das **Wickelvolontariat** wählen können. Männer, die für ihre Babys länger zu Hause bleiben, werden nämlich fast so verspottet wie Heimchen mit Herdprämie – jedenfalls von Herrn Ramsauer aus der CSU. Wieso, frage ich mich, können die nicht sachlich sein, wenn sie über uns reden: Es gibt Mütter, die ihren Job lieben, es gibt Väter, die ihre Kinder lieben. Und es gibt Eltern, die beide beides lieben! Und damit sie es nicht nur lieben können, sondern auch leben, brauchen sie klare Ansagen und keine polemischen Debatten. Punkt.

PS: Ach ja, ich habe übrigens recherchiert, was aus dem Karnickelpass geworden ist: Er wurde 1999 abgeschafft. Zum Geldsparen gibt es jetzt diverse andere Zusatzkarten. Was die günstigste Variante ist? Um das zu durchschauen, muss man auf jeden Fall schlauer sein als ein schnödes Karnickel. Ich empfehle eine solide Ausbildung: zuerst die frühkindliche Bildungsstätte, dann ein G8 und schließlich das Wickelvolontariat!

Mein Leben im Quadrat

Familienmenschen brauchen Verhandlungsgeschick und gute Kenntnisse in Geometrie. Es ist nämlich viel einfacher, zu zweit auf einer Linie zu sein, als zu viert nicht im Dreieck zu springen!

Heute fiel es mir plötzlich wieder ein: In meinem ersten Leben konnte ich machen, was ich wollte. Ich konnte selbstständig bestimmen, wann ich samstags aufstehe. Wie viele Knoten mein Föhnkabel haben darf. Oder was vor dem Pieps auf meinen Anrufbeantworter los ist. Kein Mensch hat mir reingeredet. Denn ich war Single und kinderlos. Ein kleiner Punkt im großen Universum.

Dann begann mein zweites Leben als Familienmensch. Familienmenschen leben in komplizierten Beziehungsgefügen, die sich nicht nur laufend verändern. Sondern in denen auch alle voneinander abhängen. Es ist wie bei dem Tier-Mobile, das jahrelang über Jettes Kinderbett baumelte: Stupste man links den Tiger an, wackelten auch rechts der Elefant und oben die Biene und unten das Kätzchen.

Seit ich ein Familienmensch bin, geht es mir so ähnlich wie den Mobile-Tieren. Oft muss ich mich bewegen, obwohl ich gar nicht will. Manchmal ist es auch andersrum. Auf jeden Fall werde ich fremdbestimmt. Nehmen wir etwa die Gestaltung der gemeinsamen Mahlzeiten: Ich esse gerne griechischen Salat. Meine Familie nicht, was ungefähr so klingt: Jette: »Iih, Schafskäse!« Ich: »Also Salat ohne Schafskäse und bloß mit Oliven?« Jochen: »Da wird ja kein Mensch satt.« Ich: »Na gut, dann eben Putenstreifen statt Schafskäse.« Clara: »Ich will Gelbwurst!« Nein, Familienmenschen haben es nicht leicht. Denn vier Köpfe bedeuten vier Meinungen. Ständig muss man verhandeln, ständig muss man Kompromisse machen. Ständig muss man Bedürfnisse unter einen Hut kriegen, die nicht unter einen Hut passen. Die gute Nachricht: Bis aus einem Punkt eine vierköpfige Familie wird, hat man Zeit zu üben. Im Folgenden deshalb eine kurze Einführung in die Familiengeometrie.

LEKTION 1: Rot-grüne Koalitionen. Oder: Wie aus zwei Punkten eine Verbindung wird

Als Jochen und ich zusammenzogen, mussten wir ein paar Dinge klären: etwa, wie man eine Knäckebrotverpackung aufreißt. Oder wie die Wohnzimmerwand aussehen soll. Ich wollte Dunkelrot. Jochen fand das unterirdisch. Und merkte an, dass unser tomatenrotes Ledersofa doch dann gar nicht mehr passe. Dieses Argument zog bei mir – zumal es deutlich unaufwendiger war, eine Wohnzimmerwand nicht dunkelrot zu streichen, als ein Sofa neu zu beziehen. Wir ließen die Wohnzimmerwand also weiß. Dafür erklärte sich mein toleranter Mann bereit, meinem Wunsch nach Farbe wenigstens in der Küche nachzugeben: So kam es, dass wir jahrelang mit einer apfelgrün gestrichenen Waschmaschine lebten (doch!) – und weil alle dachten, Apfelgrün sei nun meine Lieblingsfarbe, bekamen wir noch einen apfelgrünen Toaster geschenkt, sechs apfelgrüne Kaffeebecher und eine grüne Spülbürste. Ich glaube, die grüne Phase war für Jochen schwer zu ertragen. Und ich liebe meinen Mann für sein Nachsehen. Ich weiß auch, dass die rot-grüne Koalition damals ein vergleichsweise einfacher Einigungsprozess war.

LEKTION 2: Wenn zwei das Gleiche wollen, freut sich der Dritte. Oder: Warum Dreiecke eine schräge Sache sind

Kriegt ein Paar ein Kind, wird aus der Linie eine Dreiecksbeziehung – wobei die Spitze des Dreiecks für gewöhnlich ein klitzekleines Baby mit ungeahnten Kräften ist. So brachte es Clara mit sechs Wochen fertig, dass ihr Papa an einem wunderschönen Sommersonntag im August drei geschlagene Stunden in der Notfallambulanz der Kinderklinik saß, weil unser Kind über Nacht Pickel gekriegt hatte. Pickel gelten normalerweise nicht als Notfall. Jochen aber war überzeugt, dass es sich mindestens um Masern, wahrscheinlich aber um eine seltene Hautinfektion handeln musste, von deren dramatischen Verläufen Google zu berichten wusste. Am Ende handelte es sich um eine banale Neugeborenenakne, die mit nichts behandelt werden musste – außer mit ein bisschen Geduld. Aber als Jochen das erfuhr, war der wunderbare Sommertag schon rum und unser ursprünglicher Plan, gemeinsam an den See zu fahren, im Eimer.

In unserem ersten dreieckigen Sommer taten wir noch mehr merkwürdige Dinge: Wir lungerten nicht nur in Notfallambulanzen herum, sondern klopften auch zu nachtschlafender Zeit an bereits verschlossene Eisdielentüren – und baten das bodenwischende Personal um zwei Kugeln Stracciatella. Dabei schuckelten wir unser Kind abwechselnd im Tragesack und hatten nur einen Wunsch: Es möge endlich einschlafen!

Oder wir vergaßen an 37 Donnerstagen hintereinander, im Kino zu gucken, was es Neues gab – obwohl wir zu kinderlosen Zeiten beinahe jeden Donnerstag ins Kino gegangen waren. Kurz: Alles drehte sich um unsere kleine Fremdbestimmerin. Und ziemlich wenig um uns als Paar. »Klassischer Anfängerfehler«, würden Familienforscher dazu sagen – und an dieser Stelle auf Großväter, Großmütter und andere nette Menschen hinweisen, die sich ab und zu um das Baby, seinen

Schlaf und seine Pickel kümmern und dem Dreieck die Spitze nehmen.

Ich halte das durchaus für eine gute Idee. Langfristig haben Jochen und ich uns jedoch für eine andere Lösung entschieden.

LEKTION 3: Wir sind vier. Oder: Warum quadratisch oft praktisch ist. Und meistens auch gut!

Wenn man ein Dreieck gegen ein Viereck tauscht, geht die Sache mit den ominösen Kinderkrankheiten, den Nachtwanderungen und dem Kinoverzicht von vorn los. Kurzfristig macht das die Sache komplizierter, nach einer Weile hat so ein Viereck aber Vorteile. Der wichtigste: Quadrate sind eine ziemlich stabile Konstruktion. Man kann sie beispielsweise so in der Mitte teilen, dass auf jeder Seite zwei Punkte sind. Nehmen wir nur den Samstagmorgen. Der Samstagmorgen beginnt für Jochen und mich fast immer fremdbestimmt. Etwa gegen 7 Uhr 15 pflegen bei uns nämlich vier durchtrainierte Kinderbeine zum Sprung anzusetzen. Ihr Ziel ist das Elternbett. Und das Ergebnis sind zwei plattgedrückte Erziehungsberechtigte, die sich eben noch in ihren Träumen auf einer einsamen Insel wähnten, jetzt aber jäh mit der Realität konfrontiert werden: Kinder, die sofort Popsies frühstücken wollen. Und danach Krach machen und was erleben.

In dreieckigen Familienverhältnissen ist das ein schier unlösbarer Interessenkonflikt. In viereckigen nicht. So lassen sich beispielsweise zwei Kinder eher dazu überreden, ohne erwachsenen Beistand in der Küche Popsies zu essen und unbeaufsichtigten Blödsinn zu machen, als ein Kind. Folge: Ihre Eltern können noch mal ganz schnell die Augen zumachen und die Geschichte mit der einsamen Insel fertig träumen.

Förderlich für die seelische Gesundheit von Müttern ist so ein Quadrat auch, wenn ein Kind wie Jette in die fünfte Trotzphase kommt und beschließt, dass Papas grundsätzlich die netteren Menschen sind und Mamas, die Anke heißen, mindestens vier Tage ignoriert gehören – weil sie schon wieder wollen, dass die Schuhe aufgeräumt werden. Ich reagiere auf solche Phänomene mittlerweile entspannt. Immerhin gibt es ja noch ein Kind, und das hat in der Regel kein Problem damit, mit mir inlineskaten zu gehen. Was die anderen beiden machen? Ph!

Bliebe noch die Sache mit dem griechischen Salat. Wie ich diesen Interessenkonflikt löse? Ich gestehe: Bisher weiche ich aus. Abends gibt es bei uns meistens Butterbrot. Mit ohne alles.

Und meinen griechischen Salat esse ich in der Kantine. Vielleicht wäre die Lösung ein Fünfeck? Das müssten Sie mir dann aber genauer erklären!

Wenn Familien feste feiern

... sind Mütter wie ich nicht selten am Rande des Nervenzusammenbruchs. Handelt es sich vielleicht um ein Zungenragout-Trauma?

Auch dieses Jahr ist ja wieder Weihnachten. Weihnachten ist das Fest der Liebe und der Besinnlichkeit, ein Ereignis, bei dem man einträchtig mit Omas, Opas, Onkeln, Tanten und anderen Verwandten zusammensitzt, Mandelplätzchen knuspert, am Heiligen Abend gemeinsam in die Kirche geht und heiter erbaut »O, du fröhliche« singt. Theoretisch jedenfalls. Praktisch ist Weihnachten komplizierter. Zumindest für Mütter, die wie ich zwei halbwüchsige Kinder haben. Weihnachten gehört nämlich zur Gattung der Familienfeste. Und vielleicht habe ich zu viel vom falschen Kaffee getrunken – aber ich habe immer merkwürdig archaische Ängste vor diesen Zusammenkünften. Ich habe Angst, dass die eine Oma mein Kleid unangemessen findet. Und die andere bemerkt, dass der Kuchen noch hätte weiterbacken müssen. Ich grüble Stunden über der Tischordnung, weil ich nicht weiß, ob ich den einen Onkel neben die andere Tante setzen kann. Oder ich fürchte, dass Jette morgens im Autoradio Ina Müller gehört hat und nun zwischen den Kuchentellern penetrant nachträllert: »Bye-bye Arschgeweih, ich geb dich zum Lasern frei ...«, was Omas in der Regel zu indigniertem Augenrollen veranlasst: Sag mal, woher hat das Kind denn diese Wörter???

Deshalb drücke ich mich gerne vor Familienfesten. Oder zögere sie hinaus. Bei Jettes Taufe brauchte ich vier Jahre, was sämtliche Anverwandte, glaube ich, ziemlich daneben fanden. Und meine Schwiegermutter zu wiederholten Stoßgebeten veranlasste: Der Herr im Himmel möge doch trotzdem auf ihr Heiden-Enkelkind achtgeben.

Dann war es schließlich so weit: Auf einer kleinen Leiter, die der Pastor extra organisiert hatte, kletterte Jette selbstbewusst hinauf zum Taufbecken, hielt ihr gänseblümchengeschmücktes Haupt und den halben Matrosenkragen ins Wasser und verkündete umgehend, der liebe Gott sei nun ihr Freund. Alle waren gerührt. Und hinterher gab es norddeutschen Butterkuchen vom Blech.

Mit Weihnachten ist es etwas schwieriger. Denn erstens kann man mit Weihnachten nicht wie mit Taufen vier Jahre warten. Und zweitens haben auch alle anderen Weihnachten und wollen das meistens feiern. Daraus ergibt sich das eine oder andere Problem:

DIE TERMINFRAGE: Wie kriege ich bloß so viel Weihnachten in so wenig Dezember?

Normale Menschen feiern Weihnachten am 24., 25. und 26. Dezember. Ich nicht. Ich beginne mit den Weihnachtsfeierlichkeiten schon Ende November. Kurz vor Nikolaus schicken nämlich der Kindergarten und der Hort und die Schule und die Musikstundenleitung und der Schwimmverein und der Theaterkurs einen netten Brief, in dem die ganze Familie zum gemütlich-besinnlichen Beisammensein eingeladen wird. Mit uns werden jeweils noch ungefähr 34 andere Familien eingeladen, und in allen sechs Briefen werden alle 34 Mamas und Papas gebeten, doch etwas Selbstgebackenes zum Buffet beizusteuern sowie Material für den Adventskranz, der während des gemütlich-besinnlichen Beisammenseins entstehen soll. Das ist sicher nett gemeint. Aber: Wer wie ich mehrere Kinder in unterschiedlichen Einrichtungen hat, entwickelt spätestens beim dritten Brief eine ausgewachsene Weihnachtsfestfeierphobie! Nicht nur, weil ich nicht weiß, wie ich so viel Weihnachten in drei hektische Dezemberwochen quetschen soll. Sondern auch, weil auf jedem Weihnachtsfest ein neuer Nikolaus auftaucht, der einen Sack mit Geschenken dabei hat – und damit für gewisse Abnutzungserscheinungen bei meinen Kindern sorgt. Kommt dann der richtige Weihnachtsmann am 24., muss er sich ganz hinten anstellen und einen sehr großen Sack haben, um überhaupt noch beachtet zu werden. Das ist ärgerlich – denn diesen Sack füllen Jochen und ich! Anstrengend ist Weihnachten aber noch aus anderen Gründen:

DIE ORTSFRAGE: Wer sitzt bei wem an welchem Weihnachtstag unterm Tannenbaum?

Von vielen Familien weiß ich, dass diese Frage alljährlich in Stress ausartet, weil innerhalb von drei Tagen die Strecke München-Frankfurt-Kempten bewältigt werden muss. Oder Hamburg-Köln-Dresden. Bei uns heißt die Route: München-Bremen-Dinkelsbühl. Genauso gut könnten wir uns vornehmen, in drei Tagen nach Neapel und zurück zu fahren.

Zweimal haben wir es versucht. Beim zweiten Mal fiel so viel Schnee, dass wir am 22. Dezember in der Rhön stecken blieben und eine Nacht auf der A 7 verbrachten, eingekeilt zwischen LKWs, deren Räder so durchdrehten wie meine Nerven. Erst am nächsten Tag kamen wir im Norden an. Bei dem ganzen Stress hatten sich unsere Kinder ein paar eklige kleine Rota-Viren eingefangen, die sie großzügig weiterverteilten. Sodass Jochen, Opa und Onkel Gunnar am Heiligen Abend spuckend im Bett lagen. Sie müssen zugeben, dass das ziemlich bescheuert klingt. Und genau deshalb bleiben wir seither zu Hause – wir pfeifen auf Kaiser Augustus und seinen Befehl, jeder möge zu Weihnachten an seinen Geburtsort ziehen. Wir verstopfen auch nicht mehr die Autobahn. Nein, wir machen unseren Kühlschrank voll und warten einfach, wer zu uns kommt. Manchmal ist es die eine Oma, manchmal die andere Tante, manchmal gar keiner. Dann gehen wir Schlittschuh laufen. Und feiern ganz still und leise.

DIE BENIMMFRAGE: Darf man Geschenke umtauschen? Und – wenn ja – welche?

Zu jedem ordentlichen Familienfest gehören Geschenke. Die Kinder schenken den Mamas selbst gebastelte Kaffeeuntersetzer. Die Omas schenken den Kindern Wanderrucksäcke. Und die Mamas schenken den Papas neue Pullis. »Gefällt er dir?«, fragte ich Jochen letztes Jahr noch unterm Tannenbaum. Jochen wurschtelte sich in den Pulli, zupfte an sich herum, zog die Augenbrauen fragend hoch. Ich blickte auf die XXL-Ärmel und das hängende Bündchen. Der Pulli sah an meinem Mann fürchterlich aus. Und ich kam zu dem Schluss: Papas dürfen Geschenke von Mamas umtauschen, wenn sie entstellende Wirkung haben. Denn keiner sollte am Fest der Liebe aussehen, als hätte ihn niemand lieb. Enkelkinder dürfen auch Wanderrucksäcke umtauschen, wenn die Seitentasche zu klein für die Trinkflasche ist und die Oma den Kassenbon noch hat.

Anders verhält es sich mit Geschenken von Kindern. Geschenke von Kindern darf man niemals zurückgeben oder fürchterlich finden. Auch dann nicht, wenn sie fürchterlich sind. Geschenke von Kindern muss man mindestens zwei Monate auf die Wohnzimmerkommode stellen (Pappmaschee-Wolpertinger, Kaffeeuntersetzer aus Wäscheklammern, Blumenvasen aus filzumwickelten Reagenzgläsern, beleuchtete Plastik-Sterne, die »Stille Nacht« dudeln), an den Kühlschrank pinnen (Wachsmal-Bilder, Bügelperlenherzen) oder ins Schlafzimmerfenster hängen (Window-Colours-Kunstwerke, schiefe Strohsterne). Erst nach zwei Monaten kann man vorsichtig versuchen, den Pappmaschee-Wolpertinger in eine sehr hübsche Schachtel zu verfrachten. Reagiert das Kind irritiert, sollte man den Ausstellungszeitraum noch etwas verlängern. Auch die Reagenzglasblumenvase darf man auf keinen Fall einfach verschwinden lassen und behaupten, sie sei beim Fensterputzen runtergefallen. Denn dann bekommt man zum nächsten Fest eine noch schönere Blumenvase geschenkt, die man mindestens sechs Monate auf der Fensterbank stehen lassen muss – wenn man nicht will, dass das Kind ein Trauma erleidet. Apropos Trauma – dies führt mich zum letzten Problem:

DIE KARDINALFRAGE: Verursacht Zungenragout Spätschäden?

In den meisten Familien gibt es ja eine Weihnachtsessentradition. In meiner Kindheit hieß diese Tradition am Heiligen Abend: Karpfen. Ich fand es damals völlig unbegreiflich, wie der Weihnachtsmann es zulassen konnte, dass wir Kinder gekochten Karpfen essen mussten. Nach mehrjährigen heftigen Protesten von meinen Brüdern und mir ließ sich meine Mutter erweichen und änderte die Weihnachtsessentradition. Fortan gab es: Zungenragout!!! Und nun war ich endgültig davon überzeugt: Der Weihnachtsmann hat was gegen uns!

Meine Kinder wollen am Heiligen Abend Würstchen mit Kartoffelsalat. Nicht gerade feierlich. Aber praktisch und, soweit ich weiß, psychologisch unbedenklich. Bei Zungenragout bin ich mir da nicht so sicher. Wahrscheinlich führt der wiederholte Genuss von Zungenragout in der frühen Kindheit dazu, dass man später unbestimmte Ängste vor Familienfesten entwickelt und unbesinnliche Kolumnen über Weihnachten schreibt. Zwar ist mir keine Studie bekannt, in der dieser Einfluss belegt wird. Genauso wenig gibt es aber Studien, die belegen, dass die richtige Kaffeemarke das Gelingen eines Familienfestes garantiert.

Meine schönsten Erziehungsflops

Als ELTERN-Redakteurin bin ich ein Erziehungs-Profi – und weiß deshalb im Alltag mit meinen Kindern auch immer, wo's langgeht ...? Schön wär's!

Manchmal habe ich Zweifel, ob ich das Richtige gelernt habe. Wäre ich Badewannenarmatur-Installateurin, könnte ich nämlich zu Hause mit links den blöden Umstellmechanismus reparieren, der machen soll, dass das Wasser nicht unten aus dem Hahn, sondern oben aus der Dusche kommt. Und der bei uns gut und gerne alle zwei Wochen kaputt ist, weil die Kinder immer wieder unsachgemäß an dem Umstellnippel rumruckeln. Wäre ich Friseurin, könnte ich meinen Kindern selber die Haare schneiden. Und es bliebe mir erspart, in einen Salon zu gehen mit zwei redseligen Töchtern, die der pikierten Coiffeurin ausgiebigst von der Läuseepidemie in der Schule berichten: »Und weißt du, die legen Eier und die kleben dann an den Haaren und werden immer mehr, wenn man nix dagegen tut.«

Aber welchen privaten Nutzen habe ich als ELTERN-Redakteurin? Ist doch klar, sagen Sie vielleicht: Als ELTERN-Redakteurin ist man für die Aufzucht des eigenen Nachwuchses perfekt gerüstet. Und hat man ein Problem, kennt man von der letzten Recherche ganz sicher einen Professor, der genau in diesem Bereich geforscht hat und Rat weiß! Ich kann dies so nicht bestätigen! Wahrscheinlich geht ELTERN-Redakteurinnen die Erziehungsarbeit zu Hause sogar weniger leicht von der Hand als Müttern und Vätern, die von Beruf Installateure, Mikrobenforscher oder Finanzbeamte sind. Denn ELTERN-Redakteurinnen arbeiten unter erschwerten Bedingungen: Habe ich mich erziehungsmäßig bei meinen Kindern mal wieder so richtig danebenbenommen, kommt der Professor beim nächsten Recherchegespräch garantiert ganz zufällig auf ebendiese Situation zu sprechen, um mir ausgiebig zu veranschaulichen, was denn unter einer pädagogischen Todsünde zu verstehen sei. Dann muss ich sehr tapfer sein und darf mir nichts anmerken lassen. Zu Hause beäuge ich jedoch voller Reue meine Kinder und hoffe, dass die pädagogische Todsünde von gestern folgenlos bleibt.

Damit Sie wissen, wovon ich hier rede: Es handelt sich um Tatbestände wie wiederholten Diebstahl, Bestechung, Erpressung, körperliche Züchtigung und verbale Entgleisungen. Das sind keine Bagatellen. Der Angeklagten wird allerdings strafmindernd zugutegehalten, dass sie glaubhaft Besserung gelobt. Und sich durchaus einsichtig zeigt!

ICH BEKENNE ICH MICH SCHULDIG ...
dass ich häufig meine Stimme erhebe und laute Geräusche verursache

Jeder weiß es: Gute Erzieher haben ihre Tonlage, Türen und Ming-Vasen unter Kontrolle. Sie reden mit ihren Kindern freundlich und ruhig. Ich kann das oft nicht. Es gibt Situationen, da muss ich schreien: Wenn Jette den Tuschebecher auf den Fußboden kippt und die braune Pampe gerade dabei ist, den Läufer im Flur zu erreichen. Oder wenn Clara die Tüte mit ihren neu gekauften Winterstiefeln im Kaufhaus stehen lässt und ich es erst bemerke, als wir ins Auto steigen. Ich habe das Gefühl, Schreien befreit. Ich könnte auch schwören, es macht, dass Tuschepampe langsamer fließt. Und erhöht die Chance, dass stehengelassene Einkaufstüten noch da stehen, wo man sie vergessen hat. Trotzdem ist Schreien nur auf einsamen Inseln zu empfehlen. In Gegenwart von Kindern führt Schreien nämlich dazu, dass diese unflätig zurückbrüllen (Jette) oder in Tränen ausbrechen (Clara). Ich habe schon einiges versucht, um nicht zu schreien: Eine Weile hatte ich einen Noppenball in der Tasche, den ich vor drohenden Schreianfällen drückte. Dann empfahl mir jemand, ich solle meine Wut mit ein paar Eiswürfeln in die Spüle knallen. Ich finde das aber nur begrenzt alltagstauglich, denn wo, bitte, gibt es in einem gewöhnlichen Kaufhaus, in dem ich eine Schuhtüte stehen lasse, eine Spüle mit Eiswürfeln?

Das Strafmaß für unerlaubtes Schreien wird in meiner Familie noch diskutiert: Jochen hält Joggen für eine gute Erziehungsmaßnahme, um überschießende Adrenaline zu bändigen. Die Kinder sind für Bußgeld: Wer Geräusche verursacht, die der Nachbar für einen Meteoriteneinschlag hält, muss bezahlen – womit ich bei der nächsten Todsünde wäre: Diebstahl!

ICH BEKENNE MICH SCHULDIG ... dass ich kleine Anleger um ihre Ersparnisse bringe

Klar kriegen unsere Mädels Taschengeld. Denn nur so können Kinder bekanntlich lernen, mit Geld umzugehen. Taschengeld führt allerdings auch dazu, dass Mütter verlernen, mit Geld umzugehen. Bei uns ist es nämlich so: Jette setzt ihre 50 Cent Taschengeld noch an dem Tag um, an dem sie es bekommen hat. Clara hingegen hortet: Taschengeld, Wiesngeld, Schwimmabzeichenbelohnungsgeld. Ihre derzeitigen Spareinlagen belaufen sich auf 105 Euro 80. Sie befinden sich in kleinen Scheinen gut sichtbar in einem Glas auf dem Schrank. Ganz anders ist die Situation in meinem Geldbeutel: Dort sind jede Menge Plastikkarten, aber oft fehlt das Bargeld! Nun trägt es sich häufiger zu, dass ich ganz plötzlich ein paar kleine Scheine brauche: Weil der Obstmann unten im Hof steht. Oder weil mir um 7 Uhr 15 einfällt, dass wir heute das Materialgeld für WTG bezahlen müssen. Da der nächste Bankomat Kilometer entfernt ist, gehe ich in solchen Situationen gerne an Claras Bestände und lege einen Zettel rein: »20 Euro! Mama.« Manchmal vergesse ich den Zettel auch, was juristisch gesehen Diebstahl ist. Und pädagogisch gesehen ein Vollflop. Clara hat meinem kriminellen Treiben jetzt einen Riegel vorgeschoben. Vorgestern ist sie mit Jochen zur Bank gegangen und hat 80 Euro in kleinen Scheinen auf ihr Sparkonto eingezahlt. Dort hat ihr der Bankmann gesagt, bekomme sie 2,5 Prozent Zinsen. Clara hat deshalb beschlossen, Mamas zahlen zehn Prozent Zinsen auf jeden Cent, den sie aus der Spardose nehmen. Ich nenne das Wucher. Aber wie soll ich mich wehren? »Schreib bei der nächsten Anleihe einfach einen neuen Zettel«, empfahl eine Kollegin. »Darauf malst du die elf Buchstaben, die zurzeit alles entschuldigen: F-I-N-A-N-Z-K-R-I-S-E!«

ICH BEKENNE MICH SCHULDIG ... dass ich erpresse und besteche

Ja, sicher, zur Lösung meiner Finanzkrise könnte ich mich auch mit hochgehaltener Wasserpistole hinter die Küchentür stellen und brüllen: Geld her, oder ich schieße. Aber das ist mir zu billig. Wenn ich meine Kinder erpresse, dann mache ich das subtiler: mit fiesen kleinen Nebensätzen, die ich mit »wenn« und »dann« garniere und täglich neu erfinde: »Wenn du nicht gleich mit dem Rumgehampel aufhörst, dann gehen wir nicht in den

Zoo« (Anke an Jette beim Frühstück). »Wenn ihr euch weiter zankt, gibt es keine Gutenachtgeschichte« (Anke an Clara und Jette). »Wenn du heute wieder vergisst, die Post einzuwerfen, dann kriege ich Pickel« (Anke an Jochen, nachdem er den Brief ans Finanzamt eine Woche in der Tasche rumgetragen hatte). Wenn-dann-Sätze haben den Vorteil, dass sie sehr zahlreich sind. Es gibt so viele davon, dass mir noch im größten Stress ein neuer einfällt. Außerdem kann ich aus jeder Erpresservariante bei Bedarf eine Bestechungsvariante basteln: »Wenn du jetzt mit dem Rumgehampel aufhörst, gehen wir morgen in den Zoo.« Wenn-dann-Sätze haben aber auch Nachteile. Der größte ist: Sie verbinden Dinge, die nicht zusammengehören: hampelige Kinderbeine und zoologische Gärten, Haare und Gutenachtgeschichten, Hautunreinheiten und finanzamtliche Post. Das bedeutet: Sie sind meistens unlogisch. Und deshalb tragen sie auch nicht dazu bei, uneinsichtige Familienmitglieder zur Einsicht zu bewegen. Im Gegenteil: Oft führen sie dazu, dass sich die Gemüter weiter erhitzen, was mich zum letzten Anklagepunkt führt:

ICH BEKENNE MICH SCHULDIG ...
eine harte Rechte zu haben

Ja, es ist mir passiert. Am 8. August 2008. Und es begann ebenfalls mit einem Erpressersatz: Diesmal kam er aus Jettes Mund. Und er klang so: »Wenn ich nicht den roten

Rock anziehen darf, dann mach ich meinen Brillenaufkleber kaputt.« Vielleicht fragen Sie jetzt, was Brillenaufkleber mit roten Röcken zu tun haben. Und was überhaupt ein Aufkleber auf der Brille zu suchen hat. Zur ersten Frage: Eben! Zur zweiten: Der Brillenaufkleber ist eine Folie, die elf Euro kostet und Jettes schielenden Kinderblick begradigen soll. Unsere Tochter hasst ihre einäugigen Stunden. Ich verstehe das. Trotzdem muss sie den Aufkleber tragen. Den frisch gebügelten Rock aber muss sie nicht tragen. Jedenfalls nicht abends um sieben, wenn ich schon mit dem Schlafanzug wedele und meine erzieherische Geduld am Ende ist. Jette aber wollte unbedingt noch feine Dame spielen. Und deshalb zerknüllte sie den Aufkleber, kaum hatte sie ihren Wenn-dann-Satz beendet. Und ich? Holte reflexhaft aus. Und boxte ihr fest in den Arm, der zu der Hand mit den zerknüllten elf Euro gehörte. Das haute rein! Bei mir. Und bei Jette, die so verblüfft war, dass sie sofort alles fallen ließ. Und folgende zwei Sätze sprach: »Du bist eine ganz schlimme Mama. Dafür musst du ins Gefängnis!«

Noch am selben Abend wurde mir der Prozess gemacht. Das Urteil: Lebenslang! Mutter! Zum Glück mit Bewährung!

Das werde ich nie verstehen!

Das Leben mit Kindern ist voller Rätsel. Ich ahne, warum: Kinderwelten liegen 30 bis 40 Lebens(licht)jahre entfernt von Erwachsenenwelten – und auch die besten Überbrückungskabel haben mal Knoten!

Meine Kinder lieben Rätsel. Beinahe jeden Tag tischen sie mir ein neues auf: »Mama, was ist das: Je mehr man davon isst, desto mehr bleibt davon übrig?« »Schokolade«, sage ich dann mit gespielter Ratlosigkeit. »Wenn ich Schokolade esse, bleibt immer jede Menge Speck übrig, und der sitzt an meinem Po!« »Nä«, sagt Jette mit ernsthafter Entrüstung über so viel Doofheit: »Wenn wir Schokolade essen, bleibt doch nie was übrig – bloß außer Papier ...«

Also muss ich weiterraten: »Der Hirsebrei aus dem Märchen der Gebrüder Grimm, der überschwemmte doch die ganze Stadt ...!?« Gebrüder? Grimm? Jette guckt mich mitleidig an. »Mama, du musst richtig raten. Es sind Nüsse!!!« Und noch während ich die Augen aufreiße und sehr überrascht bin, kriege ich die nächste Fangfrage serviert: »Mama, was ist das: Es hört ohne Ohren, es spricht ohne Mund und antwortet in allen Sprachen?« Ja, meine Kinder geben mir Rätsel auf. Oft tun sie es bewusst und weil sie wissen wollen, ob sie was wissen, was ich nicht weiß. Genauso oft merken sie es aber auch gar nicht, dass das Leben mit ihnen für mich voller unerklärlicher Phänomene ist. Dann stehe ich da und staune und frage mich still:

WAS IST DAS? Es sieht aus wie ein großer Frosch, der sich ins Kinderbett verirrt hat. Küsst man ihn, wird er aber kein Prinz!

Der Kinderschlaf ist ein merkwürdiges Phänomen: Am Anfang ihres Lebens schlafen kleine Menschen ständig – bloß nicht dann, wenn man selber schlafen will. Später wird das mit der richtigen Taktung besser. Dafür entwickeln sich neue Rätselhaftigkeiten. Nehmen wir zum Beispiel die Schlafposition: Es ist mir völlig schleierhaft, wie ein Mensch mit angezogenen Beinen auf dem Bauch schlafen kann, ohne die Blutzirkulation völlig zum Erliegen zu bringen. Jette kann das! Sie hockt im Bett wie ein Frosch. Und schläft dabei so tief, dass ich daneben eine Podiumsdiskussion veranstalten könnte! Verschärfend kommt hinzu: Sie macht beim Schlafen die Augen nur halb zu – und erschreckt ihre Beobachter in jeder REM-Phase mit wildem Pupillenrollen. Fragen wir sie am Morgen, was sie geträumt hat, weiß sie in der Regel von nichts. Nur neulich sagte sie: »Heute Nacht war ich im Märchen.« »Aha«, sagte ich, »in welchem Märchen warst du denn. Beim Froschkönig?« »Nee«, sagte unser Kind, »Hänsel und Gretel. Sie vergingen sich im Wald.« Das allerdings erklärt auch heftigstes Augenrollen, meine ich.

WAS IST DAS? Es ist braun und süß und rund. Und es geht mir auf den Keks!

Bis ein Kind vernünftig schläft, dauert es. Bis es vernünftig isst, allerdings auch. Ich werde zum Beispiel nie begreifen, warum sich meine Kinder statt ordentlicher Tischmanieren immer neue Marotten ausdenken. Ich rede hier nicht von der Tatsache, dass Jette Käsebrote mit Ketchup isst. Oder Clara »Pizza Margherita, aber ohne Margherita« bestellt. Ich rede auch nicht von Kindern, die sich von nichts als bayrischen Brezen ernähren und rätselhafterweise trotzdem normal weiterwachsen. Nein, ich rede von gerollten Prinzen und dicken Männern, denen sinnlos Gewalt angetan wird. Und das geht so: Man nimmt eine Prinzenrolle und isst zuerst den oberen Keks. Dann isst man den unteren Keks. Und dann ist man nicht schnell genug für die übrig gebliebene Schokofüllung. Folge: Die Schokofüllung krümelt herunter und klebt dann nicht nur in den Mundwinkeln meiner Töchter, sondern auch auf Fußböden, in der Playmo-Kiste und in den Bullerbü-Büchern.

Attacken auf Dickmänner verlaufen nicht viel anders: Man isst grundsätzlich zuerst die Waffel und verteilt dann die Küsse in der ganzen Wohnung. Wirklich interessant an der Sache ist: Merkwürdige Essgewohnheiten kommen bei uns generationenübergreifend vor. Jochen zum Beispiel isst Doppelkekse genauso: erst den Prinzen, dann den Rest. Außerdem isst er Joghurts innerhalb von 35 Sekunden, ohne auch nur ein einziges Mal aufzuschauen. Ich hingegen salze mein Essen gern, bevor ich überhaupt probiert habe – eine Art Reflex, den ich mir ebenfalls nicht erklären kann. Wahrscheinlich handelt es sich hier also um einen familiär bedingten Gendefekt, und irgendwo auf unseren DNA-Strängen gibt es Informationen, die besagen: Schokoküsse isst man immer von unten nach oben. Prinzenrollen von außen nach innen. Und etwas Würze kann im Leben niemals schaden!

WAS IST DAS? Es trägt die Stöckelschuhe vier Nummern zu groß, und es heißt Jakobi, Valentina-Eileen Jakobi.

Eigentlich heißt Valentina-Eileen Jakobi im richtigen Leben Clara Willers. Clara Willers klingt allerdings sehr schnöde, findet Clara Willers, und deshalb denkt sich unsere Tochter schicke Namen aus, wenn sie spielt, dass sie schick ist. Valentina-Eileen Jakobi klingt sehr schick, findet Clara. Auch Melody-Marie oder Tallulah-Sofie. »Das bedeutet springendes Wasser«, erklärte mir Clara neulich. Und ich guckte verstört. Ganz ehrlich: Die Geschmacksbildung meiner Töchter ist für mich ein rätselhafter Prozess. Nachdem sie die Rosa-Kitsch-Phase überwunden haben, lieben sie nun exaltierte Buchstabenkreationen. Fast könnte man meinen, ihre Mutter sei einer dieser Glamour-Promis, die sich vor der Taufe ihrer Kinder von indianischen Dialekten und Obstschalen-Inhalten inspirieren lassen. Ich sage nur: Peaches Geldorf und Tallulah Belle Willis.

Auch glauben meine Mädels offenbar, dass guter Stil dann entsteht, wenn man von allem ein bisschen zu viel nimmt. Oft ziehen sie alle ihre Lieblingsstücke zusammen an: das bestickte T-Shirt mit Empire-Naht, den grünen Bolero mit der Häkelborte, den braun karierten Schottenrock, der zu kurz ist und außerdem geflickt wurde von einem Wesen, das auf den unglamourösen Namen Anke hört. So kommen sie in die Küche gestöckelt. »Nein«, sage ich dann entschieden, »damit geht ihr nicht vor die Tür!« Sie können sich nicht vorstellen, wie wütend Valentina-Eileen dann wird. Sie tobt und sagt, dass ich keine Ahnung von schick habe. Und Melody-Marie, die kleine Schwester, droht gar, ihr Handtäschchen nach mir zu werfen. Dann bleibt mir nichts anderes, als den Entwicklungspsychologen zu glauben, die sagen, ein wenig Übertreibung sei gut für die Entwicklung einer stabilen Geschlechtsidentität. Auch werde ich weiter Stoßgebete zum Himmel schicken: »Tallelujah, mach, dass es vorbeigeht!«

WAS IST DAS? Es ist grün, blau oder rot geringelt, und früher oder später ist es einsam, geschieden oder einfach nur weg!

Sicher ahnen Sie es schon: Ich rede hier von Handschuhen, Strümpfen, Turnschuhen, Memory-Karten und anderen Alltagsgegenständen, die man paarweise erwirbt, die im Alltag mit Kindern aber aus unerklärlichen Gründen schon nach kurzer Zeit nur noch vereinzelt vorkommen. Bei mir hat dieses rätselhafte Phänomen bereits zu Mutationen geführt: Ich habe mich von der Mutter zur Suchmaschine entwickelt, die Sesselritzen und Schubladenecken systematisch durchleuchtet und jeden Waschmaschinen-Techniker mit ihren Kenntnissen über Pflege und Wartung von Fremdkörperfallen verblüffen würde. Leider muss ich nun berichten, dass selbst Familienhaushalte, in denen Suchmaschinen unterwegs sind, im vergangenen Winter zweimal Handschuhe nachkaufen mussten.

Man stelle sich einmal vor: Es gibt allein in Deutschland ungefähr sieben Millionen Kinder unter zehn Jahren, und ich vermute, dass jedes Kind pro Jahr etwa zwei Handschuhe, einen Turnschuh und fünf Socken verschusselt. Dazu kommen all die Mützen, Brotdosen, Schmusetücher und Kuscheltiere, die kein einsames

Pendant zurücklassen und die mit ihrem spurlosen Verschwinden auch geübte Suchmaschinen überfordern. Da ich nicht ans Nirwana glaube, glaube ich, dass sich irgendwo auf dieser Welt ein großes Loch befindet, in dem der Verlust wohnt. Irgendwann wird dieses Loch unübersehbar sein, und die Acht-Uhr Nachrichten werden so beginnen: »Guten Abend, meine Damen und Herren, ein rätselhafter Fund hat heute die Welt verblüfft: Südlich des Nordpols entdeckten Forscher einen sieben Quadratkilometer großen Krater mit Kinderbekleidung und Spielwaren. Bisher ist unklar, woher die Fundstücke stammen. Und wie das Loch entstanden ist.« Dann werden sich alle Suchmaschinen dieser Welt aufmachen.Und ein großes Fest feiern. Wo? Natürlich in Neufundland!

PS: Falls Sie noch immer rätseln, was das merkwürdige, sprachbegabte Ding ist, das ohne Ohren hört und ohne Mund spricht – hier ein Tipp: Als Kinder trafen wir es meistens in dunklen Tunneln. Und besonders oft in Wesel! Das reimt sich nämlich auf Esel. Und es hatte immer das letzte Wort. Damals war uns das ein Rätsel – später hatten wir Physik.

Willkommen im Sockelschubser-Club!

Kleine Kinder himmeln ihre Mamas an. Mit größeren Kindern kommt die Konkurrenz. Laden Sie doch Ihre Sockelschubser mal zu Kaffee und Kuchen ein!

Es gab eine Zeit, da war ich für meine Kinder ein heller Stern am Horizont. Da himmelten sie mich an und hingen an meinen Lippen, wenn ich ihnen abends pädagogisch wertvolle Kinderbücher vorlas. Da wollten sie alles genauso machen wie ich: genauso die Haare föhnen. Genauso in der Suppe rühren. Genauso »Jurmalistin« werden wie ich. Und genauso weite Hosen mit Klackerschuhen tragen. Ja, das waren noch Zeiten, als ich nach jedem Arbeitstag zu Hause sehnsüchtig erwartet wurde, ohne mich groß anstrengen zu müssen. Ich stand oben auf meinem Sockel, musste nicht viel tun und wurde verehrt.

Dann plumpste ich runter! Ich weiß nicht genau, wie und wann es genau passiert ist. Aber plötzlich muss ich betroffen feststellen: Ich habe doch tatsächlich Konkurrenz bekommen. Beim Erziehen und beim Bewundertwerden. Um mich herum wimmelt es geradezu von Wesen, die meinen Heiligenschein wollen. Ja, genau genommen bin ich sogar umzingelt von Sockelschubsern. Und es wird Zeit, dass ich mir diese Spezies mal genauer angucke!

Frauen mit Bildung

Das erste Mal, dass mein Heiligenschein an Strahlkraft verlor, war, als Clara zur Schule kam und Frau Hurrel-Heinemann kennenlernte. Frau Hurrel-Heinemann ist eine Frau mittleren Alters und Grundschullehrerin. Grundschullehrerinnen sind meiner Erfahrung nach häufig sehr begabte Sockelschubserinnen. Sie bewirken, dass kleine Mädchen, die gerade noch ihre Mamas anhimmelten, wenigstens 31-mal am Tag sagen: Aber Frau Hurrel-Heinemann hat gesagt ... »Frau Hurrel-Heinemann hat gesagt, das kleine s schreibt man so. Frau Hurrel-Heinemann hat gesagt, die Erde dreht sich um die Sonne. Frau Hurrel-Heinemann hat gesagt, wenn man Kinder will, muss man Sex haben, und deshalb«, sagte Clara, »hattet ihr zweimal Sex: einmal bei mir und dann noch mal bei Jette.« Frau Hurrel-Heinemann hat auch gesagt, dass alle Mamas am Sonntagabend die Buntstifte spitzen müssen. Und dass man ein ausgewogenes Frühstück essen soll. »Mama, ist es denn

ausgewogen, wenn man morgens gar nichts isst – wie du?« Ich ertrug das alles lange klaglos – bis zu dem Tag, als Clara nach Hause kam und behauptete, ich wüsste nicht, wie man »Portemonnaie« schreibt. »Mama«, sagte Clara damals, »Frau Hurrel-Heinemann sagt, so, wie du das machst, ist das von früher.« (Also falsch.) »Sag Frau Hurrel-Heinemann, deine Mama hat Sprachwissenschaften studiert und kennt sich aus«, antwortete ich beleidigt.

Am nächsten Tag kam Clara und sagte, Frau Hurrel-Heinemann habe neue deutsche Ormografie studiert und kenne sich auch aus. Seither bevorzuge ich Geldbeutel.

Junge Frauen mit Ballerinas und besseren Geschichten

Noch schlimmer als Frauen, die mehr wissen als Mütter, sind Frauen, deren Geburtsjahr näher an dem der Kinder liegt als an meinem eigenen. Nehmen wir zum Beispiel Ana. Ana ist die Mutter von Jettes Freundin Mia. Sie ist Brasilianerin, 20 Jahre jünger als ich und sieht auch so aus: Ana trägt die Haare lang und wild, was Jette viel schöner findet als meine aufgeräumte Bob-Frisur. Dazu trägt sie Röhrenhosen und Ballerinas, was Jette auch schöner findet als meine lockeren Beinkleider. Sockelschubstechnisch verdächtig ist Ana aber auch, weil sie angeblich nie schimpft und: Weil sie immer, wenn Jette Anas Tochter besucht, Geschichten erzählt. Zum Beispiel die vom grimmigen König Grrr, der drei Töchter hat: die dicke Tochter Boah, die rappeldünne Tochter Tzittt und die wunderschöne Tochter Hmmm. Dann kommt der Prinz mit Ross und Heiratsabsichten und entführt Hmm nachts auf sein Schloss.

Man kennt diese Geschichten, wir haben davon auch einige in unserem Märchenbuch zu Hause, und gelegentlich lese ich daraus vor. Kann allerdings neuerdings nicht mehr damit punkten, denn Jette findet die Geschichten von Ana viel toller als die aus unserem Märchenbuch. Ich vermute, das liegt daran, dass Ana den König Grrr und seine essgestörten Mädels mit brasilianisch-wildem Augenrollen und stimmlicher Inbrunst mimt. Mir hingegen fehlt abends um acht oft die

Kraft zu solch theatralischen Gesten. Außerdem dichte ich Märchen dieser Art gerne um: Ich verheirate zum Beispiel den Prinzen nicht mit Hmmm, sondern mit Boah. Denn es kann doch nicht sein, dass der Body-Maß-Index darüber entscheidet, wer Prinzessin wird. Doch seit Jette Ana kennt, lässt sie das nicht mehr gelten. Sie sagt, das richtige Ende von dem richtigen Märchen ginge so, wie es Ana erzählt. Als Nächstes wird Jette wahrscheinlich behaupten, Ana kenne die märchenhafte Sippe höchstpersönlich vom Samba-Tanzen. Da trifft sie dann Grrr und Boah und Tzittt und Hmmm. Und wahrscheinlich auch Frau Hurrel-Heinemann und die übrigen Leute aus dem Sockelschubser-Club, wie zum Beispiel:

Sehr junge Frauen mit Besen und Bärenstärke

Neben den Sockelschubsern in öffentlichen Bildungseinrichtungen gibt es noch eine sehr aktive Gruppe: die aus Funk und Fernsehen. Meist sind das Wesen, die kaum älter sind als meine Kinder, allerdings viel stärker und unabhängiger – sie brauchen keine Mamas zum Anhimmeln, sie können alles allein. Nehmen wir nur Pippi: Pippis Mama ist dauerhaft abwesend. Und ihr ziemlich starker Papa verliert gegen sie beim Armdrücken. Wie, bitte, soll eine Mutter mit normaler Muskelkraft da noch ihren Heiligenschein zum Leuchten bringen?

Eine ernsthafte Konkurrenz ist inzwischen auch Bibi Blocksberg. Wenn ich in Jettes Zimmer gucke und sehe, dass mein Kind Jacke und Schuhe so ausgezogen hat, dass sie wie eine Art Skulptur die Kinderzimmermitte garnieren, sage ich für gewöhnlich: »Kannst du das bitte wegräumen?« Noch bis vor Kurzem hätte unser Kind gegrummelt: »Erst noch ..., dann aber gleich ...« Heute antwortet es mit ominösen Zaubersprüchen: »Ene, mene, Katzendreck, alle Kleider sind schon weg, hex, hex!« Gucke ich fünf Minuten später ins Zimmer, liegen die Klamotten natürlich immer noch rum. Jette behauptet trotzdem, sie seien weggehext, und dass ich sie noch sehen würde, läge nur daran, dass ich keine Hexenaugen hätte. In solchen Momenten würde ich Bibi am liebsten dreimal um den Blocksberg jagen. Und ihr einen Bann an den Hals hexen: »Ene, mene, Fliegenfisch, wehe wenn du dich weiter in meine Erziehung einmischst, dann ... hex, hex!« Leider hat Jette aber recht: Ich habe nicht nur keine Hexenaugen, meine magischen Kräfte sind auch sonst so unterentwickelt, dass ich es damit auf keinen Sockel schaffen würde.

Neue Väter

Eigentlich sind männliche Sockelschubser in meinem Alltag eher selten. Ich vermute, das liegt daran, dass ich zwei Töchter habe – und Fußballtrainer, Abenteuerspielplatz-Bewacher und Hockeykumpels als Identifikationsfiguren deshalb nicht so gefragt sind. In letzter Zeit habe ich allerdings das Gefühl, dass mein eigener Mann eine potenzielle Sockelschubser-Gefahr ist. Neulich nachts zum Beispiel, als Clara mit Bauchweh aufwachte, rief sie nicht »Mama«, sondern »Papa«. Und vorgestern, als ich am Schreibtisch saß, um diesen Text zu schreiben, hörte ich, wie Jette Jochen fragte, ob er ihr ein paar Prinzessinnenzöpfe flechten könnte, denn sie wolle heute aussehen wie die wunderhübsche Tochter Hmmm vom grimmigen König Grrr.

Sie müssen zugeben, das sind dramatische Entwicklungen: Denn Bauchweh und Prinzessinnenzöpfe sind klassische Felder, auf denen Mütter ihren Heiligenschein aufpolieren können. Was, also, soll ich tun? Verzweifeln? Alten Zeiten hinterhertrauern? Partnerschaftliche Rollenmodelle hinterfragen, in denen Mütter als Jurmalistinnen Geld verdienen und Väter sich mit Bauchweh-Globuli auskennen? Nein, das werde ich nicht tun! Stattdessen pfeife ich auf meinen Heiligenschein und lade alle zu Kaffee und Kuchen ein: Kommt her, ihr Sockelschubser, und helft mir, sie großzukriegen. Sagt ihnen, wie man »Portmonee« schreibt. Erzählt ihnen Märchen, aber richtig! Hext ihnen Spaß an den Hals und steht ruhig nachts auf, wenn sie Bauchweh haben. Für mich ist noch genug zu tun. Und eines bleibt mir zukünftig erspart: Ich muss nicht mehr aufpassen, dass ich vom Sockel falle. Denn ich stehe jetzt fest: auf dem Boden der Tatsachen!

Hilfe, Wochenende!

Am Wochenende kann man schön relaxen? Am Wochenende kann man machen, was man will? Nicht unbedingt! Ich fürchte mich jedenfalls immer etwas vor der Zeit, in der alle zusammenkommen.

Von Montagfrüh bis Freitagmittag bin ich sehr beschäftigt: Ich sitze mindestens 1000 Minuten vor dem Computer und suche nach schönen Worten. Ich räume sicher 50 Teller in die Spülmaschine und wieder raus. Ich rufe mindestens 23-mal: »Mädels, habt ihr ordentlich die Zähne geputzt?«, gucke zehnmal in Kindermünder und stelle siebenmal fest, dass die beiden wieder ihren Drei-Sekunden-Trick versucht haben: Zahnpasta in den Mund und wieder ausspucken. Ich rase viermal morgens durch die Wohnung und suche Jettes Brille, um sie beim fünften Durchgang in der Cornflakesschachtel zu finden. Und ich fülle dreimal auf den letzten Drücker Zettel aus, die meine Kinder vor der Schule aus dem Ranzen fischen und auf denen ich unterschreiben soll – zum

Beispiel, dass die Klassenkasse schon wieder leer ist und ich meinem Kind bitte zehn Euro zur Sanierung mitgeben möge. Oder die Mitteilung, dass die großen Mädels in Claras Schule mitunter zu offenherzig dekolletiert herumlaufen würden und die Schulleitung sich deshalb vorbehalte, züchtige Schul-T-Shirts zu verteilen, die man – im Fall der Fälle – dann doch bitte gewaschen und gebügelt am nächsten Tag wieder zurückgeben solle. Danach ist Freitag, und ich bin ziemlich groggy.

»Ach«, sagen Sie jetzt vielleicht, »das passt ja gut – freitags steht ja immer das Wochenende vor der Tür ...« Sie haben recht, und früher, als ich noch keine Kinder hatte, war das bei mir auch so. Aber das ist lange her. Wenn ich jetzt am Freitag gegen 14 Uhr vor meine Tür gucke, sehe ich da weit und breit kein entspanntes Wochenende – höchstens fünf Paar dreckige Schuhe. Wenn ich Glück habe, stehen sie ordentlich auf der Fußmatte und flüstern: »Hol uns rein.« Wenn ich Pech habe, liegen die Schuhe kreuz und quer im Eingang und rufen: »Putz uns!« Oder: »Hallo, wir sind schon wieder zu klein!« Meistens mache ich die Tür dann ganz schnell wieder zu.

Fakt ist: Die Organisation eines Familienlebens mit zwei Schulkindern, zwei Jobs und einer Viereinhalbzimmer-Wohnung ist von Montag bis Freitag eine gewisse Herausforderung. Die Organisation eines Familienlebens von Freitagmittag bis Sonntagabend aber auch. Ich würde sogar behaupten, die Zeit von Freitag bis Sonntag ist für mich der härtere Job, denn:

Montags muss ich nichts planen und habe trotzdem eine Menge vor – am Wochenende ist das anders

Im Gegensatz zu Bob Geldof mag ich Montage. Denn montags muss ich einfach nur machen: Ordnung, Essen, Einkäufe, Kinderkutschierdienste ... Ich spule mein Programm ab und denke nicht viel darüber nach. Am Wochenende ist das anders. Wenn Wochenenden vor der Tür herumlungern, haben sie meistens keinen Plan. Der Plan muss erst noch gefunden werden. Und genau das ist das Problem: »Es wird schön, lass uns in die Berge gehen«, sagt Jochen. »Auja«, sage ich, »wir laufen 800 Höhenmeter und trinken oben auf der Hütte ein Weißbier.« »Iiiih, Weißbier«, sagt Clara. »Iiiih, wandern«, sagt Jette, »ich will in die Seifenblasenausstellung.« »Da waren wir schon mit der Schule«, sagt Clara. »Du bist doof«, sagt Jette. »Ich will mich mit Hanna treffen«, sagt Clara. »Wir könnten Hanna mit zum Wandern nehmen«, sagt Jochen. »Ich bleibe hier«, sagt Jette. »Das geht nicht, du bist zu klein«, sage ich und fühle mich plötzlich sehr erschöpft, obwohl doch Samstagvormittag ist.

Und genau da liegt der große Unterschied: Montage sind anstrengende Pflicht, das ist normal. Wochenenden sollen erholsame Kür sein – und wenn sie es nicht sind, ist das anstrengender als jeder Montag. Kurz: An Montagen wird man nur selten enttäuscht, an Samstagen sehr schnell.

Dienstags ist Ali am Ast – und ich muss nicht mit. Am Wochenende schon

Stellen Sie sich vor, Sie kennen bloß fünf Buchstaben und müssen daraus Sätze machen. Geht nicht? Muss gehen, meinen die Macher der Erstklasslesebücher und dichten fröhlich drauflos: »Ali ist am Ast«, »Oma ist am Lamm«, »Mimi malt lila Marias«. Diese seltsamen Sätze müssen die Leseanfänger dann lesen: jeden Tag mindestens zehn Minuten lang – sagt der Lehrer. In der Woche macht Jette das im Hort. Am Wochenende aber bin ich der Lesetrainer – und am Anfang war ich immer froh, wenn Jette keine weiteren Fragen stellte. Ich meine, was hätte ich sagen sollen, wenn sie gefragt hätte, was »Ali ist am Ast« bedeutet? Ist der Mann suizidgefährdet? Handelt es sich um einen Deutschtürken bei Aufforstungsarbeiten? Inzwischen hat sich die Lage etwas entspannt: Jette kann schon 21 Buchstaben, und wir lesen jetzt Geschichten von Backmeister Bimbam, der neben seinem Hochofen einschläft, und Mimi, die seine Brezel vor dem Verbrennen rettet. Das hat doch einen Spannungsbogen und eine gewisse Dramatik. Trotzdem frage ich mich oft: Wie halten Grundschullehrer und Horterzieherinnen das nur jahrelang aus zwischen Ast-Alis und belämmerten Omas? Vermutlich sehnen sie sich nach komplizierten Konjunktiven und Wörtern mit mindestens vier Silben. Sie schmökern heimlich unter der Bank in Goethes Faust. Oder sie schreiben samstags an einem neuen Bestseller: »Jedes Kind kann lesen lernen. Ihres auch!«

Mittwochs ist Lady Gaga auf Tournee – am Wochenende in unserem Flur

In der Pubertät hörte ich 20-mal hintereinander dasselbe Lied von Abba: »Dancing Queen, you're young, only seventeen ...«. Und danach die Bay City Rollers: »Bye, bye, baby ...«. Meine Eltern fanden das Dauergedudel schrecklich, meine Brüder auch. Sie konterten mit 120 Dezibel ACDC. Das war dann für alle Beteiligten der Highway to Hell ...

Heute gibt es Youtube. Dort kann man Musik nicht nur hören, sondern auch sehen, was meine Mädchen neuerdings sehr gerne tun. Am liebsten würden sie den ganzen Sonntagvormittag im Arbeitszimmer irgendwas googeln und dudeln: Hannah Montanas letzte Bühnenshow, Lena, den Trailer von »Willi will's wissen«, und wenn ich nicht aufpasse: Lady Gaga! Lady Gaga zeichnet sich dadurch aus, dass sie fast nichts anhat und englische Texte singt, die ebenfalls sehr reduziert sind. Das wiederum inspiriert meine Mädchen dazu, mit meinen Schuhen und einem alten Mikro durch die Wohnung zu stöckeln und dabei immer wieder nur ein Wort zu brüllen: »Popopopokerface«. Für mich klingt der Titel dieser Nummer nach einem Stotterproblem – möglicherweise steckt Lady Gaga aber auch mit den Machern der Erstklasslesebücher unter einer Decke und ist für die Einführung der Buchstaben g und a sowie p und o verantwortlich. Ich könnte ihr mal eine Mail schreiben und sie um ein jugendfreieres Outfit und musikalische Variation bitten. Die nächste Nummer heißt dann vielleicht: »Lady Gaga featuring Backmeister Bimbam«. Die Leselernerfolge bei den Erstklässlern wären sicher größer als bei Mimi und Ali.

Donnerstags treffe ich selten Menschen, die gegen meine Tür treten – am Wochenende häufig

Wenn meine Chefredakteurin etwas von mir möchte, dann kommt sie meistens in mein Büro, stellt sich freundlich in den Türrahmen und sagt: »Könntest du bitte bis nächste Woche einen Text über Kinder in der Trotzphase schreiben? Danke, Anke!« Meine Wochenendchefinnen hingegen haben längst nicht so zivilisierte Umgangsformen. Vor allem Jette scheint sich immer noch in einer ausgeprägten Trotzphase zu befinden. Sie verlangt für gewöhnlich, dass ich ihre Aufträge sofort erledige, und beginnt zu schreien oder gar gegen die Tür zu treten, wenn ich Widerworte wage und schlimme Dinge sage wie: »Ins Schwimmbad gehe ich nur, wenn du vorher aufräumst.« Oder: »Ihr wollt ein Eis? Ja, aber erst nach dem Mittagessen.« Schon klar: Da ist etwas schiefgelaufen. Ich habe meine Wochenendchefs nicht richtig erzogen. Deshalb habe ich mir jetzt ein Buch besorgt. Es heißt: »Den Chef im Griff«. Vorne drauf ist ein Bild von einem Kaktus: Ich finde, er sieht aus wie ein verzauberter Chef in der Trotzphase. Vielleicht sollte ich es mal mit küssen versuchen! Bei Wochenendchefs wirkt das manchmal Wunder!

Meine kleine Zickenkunde

Wer wie ich Töchter hat, hat Gezicke. Außerdem gibt es noch Tussitum, Topmodelallüren und andere (Un-)Arten. Zum Beispiel das Treiben der gemeinen Aniszicke.

Meine Mädchen haben eine neue Lieblings-CD. Sie heißt »Ich rap mir die Welt«[4], und darauf haben sie ein Lieblingslied. Das heißt: »Zickenalarm, Zicken-, Zicken-, Zickenalarm ...« »Was ist denn eigentlich genau eine Zicke?«, fragte ich neulich, als das Lied zum fünften Mal lief. »Zicken lassen einen nicht mitspielen«, meinte Jette. »Sie sagen, dass die Hose, die man anhat, uncool ist«, sagte Clara. »Sie gehen zur Lehrerin und erzählen, dass wir über den Schulhofzaun geklettert sind«, sagte Jette. »Du meinst Petzen«, berichtigte ich. »Nein, Zicken«, sagte Jette. »Na gut, sagen wir Zicken, die petzen«, fasste ich zusammen. »Muss man sofort abfreunden«, sagte Jette. Oh!, dachte ich, und war froh, dass ich mich nur noch selten auf Schulhöfen rumtreibe.

»Tussis sind aber noch schlimmer«, sagte Jette. »Tussis sind Zicken, die wollen immer schick sein und sind ein bisschen dumm.« Aha!

Außerdem, so erfuhr ich, gebe es noch Topmodels: »Topmodels wollen immer die Allerschönsten sein und haben hohe Schuhe«, sagte Jette. »Wie Tussis also?«, fragte ich. »Nein, Topmodels haben mehr Geld und sind noch zickiger«, sagte Jette. »Aber sie sind nicht dumm. Sie gehen nämlich zur Schule – bei Heidi Klum.« Die Feinheiten wären also auch geklärt! »Gibt es auch normale Mädchen?« »Fast gar nicht«, sagte Clara. »Doch«, sagte Jette, »außer normalen Zicken gibt es noch Aniszicken. Das sind die gemeinsten.«

Und an dieser Stelle des Gesprächs wurde mir klar: Ich habe offenbar Wissenslücken. Die Nachwuchszicken im dritten Jahrtausend scheinen eine etwas andere Prägung zu haben als die, mit denen ich großwurde. Ich habe deshalb beschlossen, mir das Phänomen mal genauer anzuschauen!

Die Zicke und ihre Verbreitungsgebiete

Ich fasse noch mal zusammen: Es gibt Zicken, die petzen, Petzen, die zicken, Tussis, Topmodels und normale Zicken. Man findet all diese Arten und Unarten auf Schulhöfen, Kindergeburtstagen, in Ballettgruppen, Voltigier-Teams, in Schwimmbädern auf der Leiter zur Riesenrutsche. Oder vor Kinderzimmer- Kleiderschränken, wo sie sich mit ihren Erziehungsberechtigten heftig darüber streiten, ob die wurstspellenartige Beinröhre eine adäquate Bekleidung für die Schule ist. Bis vor Kurzem nicht klar war mir allerdings, wo man die gemeine Aniszicke findet. Vielleicht im nepalesischen Hinterland? Oder auf Tasmanien? Nein, es ist so: Die gemeine Aniszicke lebt ganz in der Nähe der ebenso gemeinen Zimtzicke. Sie verbreitet sich in den Gehirnwindungen von Siebenjährigen, wenn die ein Wort hören, das sie nicht richtig verstehen, sich eine Eselsbrücke bauen (»Eklig! Gewürz! Weihnachten!«) und über diese Eselsbrücke am nächsten Tag nicht mehr auf Zimt kommen. Sondern auf Anis. Denn auch Anis kann man schließlich eklig finden und in Weihnachtskeksen. Außerdem reimt es sich – norddeutsch ausgesprochen – auf fies. Und eignet sich damit hervorragend als Zickenwürze.

Die Zicke und ihre X-Chromosomen

Zicken haben alle eins gemeinsam: Sie sind weiblich, tragen also zwei X auf ihrer DNA. »Warum sind Mädchen eigentlich so?«, frage ich neulich Jochen, als Clara schlecht gelaunt aus dem Hof kam, weil es wieder Gezicke um die Frage gegeben hatte, wer wessen beste Freundin ist – und wer nur die zweitbeste. »Weil ihnen keiner so richtig erlaubt, ›Halt die Klappe, du nervst ...‹ zu sagen und dabei mit einem Kinnhaken zu drohen«, sagt Jochen, der als Kind in seinem Viertel durch eine harte Schule gegangen ist – und sich in seiner Weiberwirtschaft zu Hause offenbar manchmal ein bisschen danach zurücksehnt. Mein Mann vertritt damit die These vieler Geschlechterforscher, die meinen, Zickenzoff und Lästerlust sei weniger angeboren als anerzogen: Jungs, sagen sie, würden in unserer Gesellschaft eher zum offenen Kräftemessen und direkten Wettbewerb ermutigt als Mädchen: Echte Männer spielen Fußball, spucken auf den Rasen, kicken sich die Bälle zu – und nehmen sie sich wieder weg. Und dann applaudiert die ganze Südkurve!

Bei Mädchen wird dieses Verhalten nicht so gern gesehen. Deshalb konkurrieren sie hintenrum, zicken sich an und spielen sich mit kleinen fiesen Pfeilen gegenseitig aus. Vor dem Hintergrund dieser These frage ich mich allerdings, wo Jette in den letzten sieben Jahren erzogen wurde: Sie liebt Fußball und ihre Teufelskicker. Sie flucht wie ein Seemann und scheut sich auch im Beisein großer Jungs nicht, Tacheles zu reden.

»Wie nennt man eigentlich Mädchen, die auf Jungsart zicken?«, frage ich Jochen. »Auf Jungsart kann man nicht zicken, sonst gäbe es ja Zicker«, sagt der. Ich gucke im Duden nach: kein Zicker weit und breit! Bloß auf Seite 1096 eine Zimtzicke und eine Zimtziege mit dem Zusatz: Schimpfwort!

»Jungs, die rumrumpeln und Streit suchen, sind wilde Kerle«, erklärt mir mein Mann. »Klingt viel besser!« Soll ich Ihnen was sagen: Genau das finde ich ungerecht! Und deshalb werde ich mich bei den Leuten von der Sprachforschung beschweren: Ab sofort sollen die das Schimpfwort hinter der Zimtzicke streichen. Oder sich ein gleichberechtigtes männliches Gegenstück ausdenken – meinetwegen Basilikumbock.

Und unsere Jette? Die nenne ich jetzt wildes Huhn!

Verhalten im Angriffsfall

Mal ganz unabhängig von solchen sprachlichen Spitzfindigkeiten, es bleibt die Frage, wie man als Mutter oder Vater reagiert, wenn der Nachwuchs mal wieder übellaunig und widerspenstig ist: flüchten, standhalten? Pädagogische Vorträge halten? Im Netz gibt es medikamentöse Hilfe: Ein Präparat namens Zickosan verspricht Hilfe bei Zickenbefall! Die Firma heißt Aha, und das Präparat kostet 9,95 Euro. Schon klar, hier handelt es sich um einen Jux, den sich vermutlich geschäftstüchtige Basilikumböcke ausgedacht haben. Trotzdem habe ich mich gefragt: Was würde eigentlich passieren, wenn die Behandlung erfolgreich wäre? Ich stelle mir das gerade vor: Meine Jette, die niemals mehr die Tür knallt, wenn ich verfügt habe, dass die Teufelskicker warten müssen, bis die Hausaufgaben mit den Ü-Wörtern erledigt sind.

Meine Clara, die nicht zwei Stunden beleidigt ist, weil ich gesagt habe, dass das Haarband, das es am Kiosk als Dreingabe zum Pferdeheft gab, aussieht wie ein verfärbter Bratschlauch. Und ich, die ich nie mehr genüsslich »Blöde Zicke!« zischen könnte, wenn die Tussi aus dem Nachbarhaus mal wieder wartet, dass ich zuerst grüße – obwohl ich immer zuerst grüße.

Mal ganz ehrlich: Wäre es nicht ein freudloses Dasein – so ein Dasein ganz ohne entgleiste Emotionen, energische Widerworte und lästerliche Tuscheleien? Und wäre es nicht auch für unsere Männer sehr fad, wenn sie sich fortan nicht mehr als überlegene Sonderbotschafter in einer für sie völlig fremden Zickenwelt fühlen könnten?

Nein: Ein bisschen Gezicke muss sein, wenn man in einer Weiberwirtschaft lebt. Vielleicht sollte man es sogar ab und zu feiern. Zum Beispiel so: Man legt zu Hause die neue Lieblings-CD ein, spult vor bis Lied Nummer sechs und brüllt ganz laut in ein Zickenmikro (Puderquaste!): Zickenalarm, Zicken-, Zicken-, Zickenalarm! Dabei dürfen alle mitmachen – auch wilde Hühner, Tussis, Topmodels, sollten sie gerade zu Besuch sein. Und danach: müssen alle lachen! Das ist super, denn Zicken, die lachen, sind eigentlich gar keine Zicken – weder mit Zimt noch mit Anis. Sie sind höchstens Zuckerzicken. Und nein, die stehen auch nicht im Duden. Sind aber ziemlich süß!

Mütternachtsgedanken

Seit Jahren bin ich nachtaktiv: Früher habe ich Schnuller gesucht – heute mache ich Mädchen-Mathe.

Es soll Menschen geben, die nachts um die Häuser ziehen. Die sind meistens unter 30 und ohne kleine Kinder. Es soll auch Menschen geben, die nachts schlafen. Die sind oft über 30 und ohne kleine Kinder. Sie haben stressige Jobs und deshalb keine Lust mehr, um die Häuser zu ziehen. Natürlich gibt es auch Menschen mit stressigen Jobs und kleinen Kindern, die nachts fest schlafen. Solche Menschen sind in der Regel männlich und am nächsten Morgen sehr erstaunt, wenn sie hören, dass die kleinen Kinder nachts dreimal geschrien haben und auch sonst einiges los war in der Wohnung.

Dieser Tatbestand wird ihnen meist von weiblichen Menschen mitgeteilt. Weibliche Menschen mit kleinen Kindern schlafen nur selten fest. Stattdessen wachen sie beim kleinsten Pieps auf. Sie machen Fläschchen, Lotsendienst zum Klo und Monstervertreibung. Danach können sie nicht wieder einschlafen. Meine Kinder sind gar nicht mehr so klein. Sie verlieren keine Schnuller mehr und halten auch Monster unterm Bett für Babykram – theoretisch könnte ich also wieder wunderbar schlafen. Praktisch tue ich es aber nicht. Gern wache ich so gegen drei Uhr auf und liege ein Stündchen wach. Lange vermutete ich eine Schlafstörung, die sich nach den unruhigen Nächten der Kleinkindzeit entwickelt hatte. Ich trank Kräutertee und las unaufgeregte Bücher. Richtig geholfen hat es nicht. Dann dachte ich, es handele sich um die Vorboten früher Wechseljahre oder gar bereits um eine Art seniler Bettflucht.

Inzwischen habe ich eine andere Theorie. Ich glaube, es ist so: Ich brauche die Nacht, denn ich tue dann Dinge, zu denen ich am Tag nicht komme.

Ich mache Ohren-Wellness

Es gab Zeiten, da war ich drauf und dran, die Lärmschutzmessung in unsere Wohnung zu bestellen. Ich wollte beweisen, dass ich als Mutter ein Recht auf Gefahrenzulage habe, weil der Krachpegel meiner Kinder mein Tinnitus-Risiko erhöht. Ein Beispiel aus der Praxis: Jette daddelt sich mit Claras Nintendo durch die Tierpension. Geschreipegel, wenn Clara die unerlaubte Inbetriebnahme entdeckt: etwa 80 Dezibel. Hektisches Nintendo-Gepiepe, weil Jette ihren virtuellen Fiffi jetzt sehr schnell fertig füttern muss: circa 35 Dezibel. Macht zusammen 115 Dezibel, was in etwa der Lärmbelastung durch eine startende Boeing entspricht. Erhöhung des mütterlichen Tinnitus-Risikos: mindestens fünffach.

Ein weiteres Beispiel aus den letzten sehr regenreichen Ferien: Beide Kinder hatten Freunde eingeladen und meinten, das ausdauernde Hüpfen vom Hochbett sei eine angemessene sportliche Betätigung für Schlechtwetter-Ferien. Boller- und Geschreipegel bei der Landung auf dem Parkett: 90 Dezibel. Geschreipegel nach Hüpfverbot: auch 90 Dezibel. Erhöhung des mütterlichen Tinnitus-Risikos: mindestens dreifach. Bei den darunter wohnenden Nachbarn ebenso.

Nun haben die Gerichte ja bereits bei diversen Mietklagen festgestellt, dass Kindergeschrei in Höfen und Wohnungen zur natürlichen Lebensäußerung von kleinen Menschen gehört. Erhöhte Tinnitus-Raten bei Müttern dürften deshalb zum natürlichen Risiko des Familienalltags gehören – weshalb ich die Idee mit der Gefahrenzulage wieder verworfen und mich meinem Schicksal gefügt habe.

Dass mir dies inzwischen gut gelingt, liegt auch an meiner akustischen Wellness-Oase, die ich zwischen drei und vier Uhr nachts besuche: In dieser Zeit ist es nämlich sehr still in unserer Wohnung. Es ist so still, dass ich das feine Surren des Rades höre, in dem unser Zwerghamster seine Runden dreht. Ich höre auch die Stewardess, die immer versucht, ihren Rollenkoffer ganz leise über die Steine im Hof zu ziehen, wenn sie einen Flug nach Rio hat oder nach Tokio. Und ich höre

Jette, wie sie im Schlaf flüstert. Leider verstehe ich nicht, was. Aber ich vermute, es handelt sich um ein Zwiegespräch mit Lena Meyer-Landrut in einem seltsamen britischen Dialekt. Jette will nämlich neuerdings nicht mehr Teufelskicker, sondern Eurovision-Contest-Siegerin werden und braucht dazu noch ein paar Tipps. Solange sie die im Traum geflüstert kriegt, soll's mir recht sein. Denn Flüstern verstärkt den Entspannungseffekt beim Ohren-Wellness enorm.

Ich mache Mädchen-Mathe

Wie Sie wissen, habe ich zwei Mädchen. Beide finden Mathe doof. Sie halten das Hantieren mit Zahlen für eine völlig überflüssige Kulturtechnik. Und Sachaufgaben für eine undurchsichtige Erfindung des Bildungsministeriums. Ich teile diese Ansicht so nicht. Allerdings finde ich auch, dass es meinen Mädchen nicht leicht gemacht wird, Mathe zu mögen – und ich habe den Verdacht, dass Matheschulbuchmacher meistens männlich sind. In den Sachaufgaben wimmelt es von Baumschulenbesitzern, die mit 3,5-Tonnern und Motorsägen unterwegs sind, was meine Mädchen genauso wenig interessiert wie der Maurermeister, der eine Mauer 15 Meter lang und drei Meter hoch mauert ... Auch deshalb brauche ich die Nacht. Denn in der Zeit zwischen drei und vier denke ich mir Mädchen-Mathe aus: Wenn Lena Meyer-Landrut viermal am Tag drei

Minuten lang »Satellite« singt und für jede Sekunde »Satellite« zwei Euro kriegt – wie viel verdient sie dann im Monat?

Oder: Wenn H&M 13 Kartons Hello-Kitty-T-Shirts angeliefert bekommt. Und in jedem Karton sind 60 Shirts, und in einer Stunde kaufen fünf Mädchen je ein Shirt – wie viele Tage reicht dann die neue Lieferung (und wie groß ist das Gezicke, wenn in der Schule alle das Gleiche tragen)? Sie sagen, das kann man nicht ausrechnen, wenn man nicht weiß, wie lange H&M geöffnet hat? Stimmt! Liegen Sie etwa auch nachts wach?

Wenn ich fertig bin mit Ohren-Wellness und Mathebuchumschreiben und immer noch wach, widme ich mich noch dieser Kolumne:

Ich denke über die Seltsamkeiten im Leben mit Kindern nach

Gestern Nacht ging mir ein schräger Dialog nicht aus dem Sinn, den ich am Abend vorher mitgehört hatte. Jette fragte Clara beim Tischabdecken: »Kennst du eigentlich Hartz IV – is das ne neue Band?« »Nee«, hörte ich Clara sagen, die gerade den Gurkenglasdeckel suchte und heftig mit den Augen rollte, »nee, die Band heißt Saphir und is ne girl group.«

Um kurz vor vier in der Nacht begann ich zu überlegen, ob es nicht vielleicht wirklich eine Band gibt, die Hartz IV heißt. Den Jungs aus der Punk-Szene traue ich das zu – allerdings traue ich Jette nicht zu, dass sie mit sieben heimlich Punk hört. Ich dachte auch darüber nach, wie ich meinen Kindern am besten erklären könnte, was Hartz IV eigentlich bedeutet und wie ich das alles in meiner Kolumne unterbringe. Doch gerade als ich dabei war, meine Gedanken kreativ fließen zu lassen ... bin ich wieder eingeschlafen.

Deshalb geht es hier für heute nicht mehr weiter. Aber morgen werde ich sicher wieder wach liegen und mir meine Mütternachtsgedanken machen: morgen und übermorgen und in fünf, sechs Jahren sowieso. Dann wird Clara damit anfangen, selbst um die Häuser zu ziehen. Die Zeiten, in denen ich mich gefragt habe, ob meine Kinder im Halbschlaf allein den Weg zum Klo finden, werden lange vorbei sein – stattdessen werde ich wach liegen und mich fragen, ob sie sicher den Weg nach Hause finden.

Und das Drehen des Schlüssels in der Tür wird dann für meine Ohren ebenso viel Wellness-Potenzial haben wie heute das leise Klickern des Rollenkoffers auf seinem Weg nach Rio.

Wir sind dann mal weg!

Von unseren Töchtern werden Jochen und ich gezielt zur Selbstständigkeit erzogen. Mit Erfolg: Unsere Kreise werden jetzt immer größer.

Ich finde, Jochen und ich dürfen stolz sein – auf uns. Wir sind nämlich schon groß und können immer mehr Dinge allein! Wir können Sonntagmorgen gemeinsam eine Stunde joggen und danach Brötchen mitbringen. Wir können Montagabend den Wochenkauf machen und ohne schreiende Begleitung entscheiden, dass wir keine Hunderterpackung Kaugummi kaufen. Wir können zu Silkes 40. Geburtstag gehen und ungestört über den Werteverfall des Euro diskutieren! Oder abends mal spontan ins Kino zwei Straßen weiter.

Ja, das alles schaffen wir schon ganz allein: ohne Kinder. Ohne teuren Babysitter. Ohne Babyfon – und ohne großen Zeitdruck. Toll, was!? Dass es mit uns so weit kommen konnte, liegt daran, dass uns unsere Töchter konsequent zu selbstständigen Eltern erziehen.

Wie sie das machen? Sie werden ganz zielstrebig immer älter und (wenn auch nicht ganz so zielstrebig) immer vernünftiger. Plötzlich konnten sie lesen und schreiben, mit dem Telefon umgehen und an den Hausschlüssel denken, bevor sie die Tür zuknallten, um runter in den Hof zu gehen. Und irgendwann, ich glaube, es war im letzten Februar, sagten sie dann einen denkwürdigen Satz: »Mama, Papa, wollt ihr denn nicht mal wieder weggehen!?« Damals dachte ich: Aha, sie wollen uns loswerden. Und endlich in Ruhe Unordnung machen und Chips essen. Aber wahrscheinlich war das eine Unterstellung. In Wahrheit wollten sie nur unser Bestes!

Damals im Februar war das Erstbeste ein Kinofilm mit George Clooney. Irgendeine Vielfliegergeschichte, die ganz amüsant war, die ich aber nur in Teilen mitbekam, weil ich etwas unruhig war und immerzu mein Handy befühlte, das auf Rütteln stand. Aber außer Georgies Airbus inmitten einiger Turbulenzen rüttelte nichts – und als wir nach Hause kamen, lagen die Mädchen zusammen im großen Bett. Sie hatten sich hübsch gemacht mit meinen Nachthemden. Und einen Zettel geschrieben: Wir haben Zähne geputzt und sind nicht an die Tür gegangen. Da war ich irgendwie gerührt und sagte zu Jochen: »Weißt du was, das machen wir bald wieder!«

Und das taten wir auch: einmal im April, einmal im Mai, zweimal im Juni ... Und ich muss sagen: Es macht wirklich Spaß, wenn man ganz allein Dinge tun darf, die nur die Großen tun. Um die Kinder nicht zu verärgern, sollte man dabei natürlich sehr pünktlich wieder zu Hause sein. Außerdem sollte man kleinere Störfälle und Begleiterscheinungen einkalkulieren wie zum Beispiel:

Mamas Wahnvorstellungen

Wahnvorstellungen sind bei Eltern, die auf dem Weg in die Selbstständigkeit sind, weit verbreitet. Vor allem Mütter stellen sich die unglaublichsten Dinge vor. So bildete ich mir bei unserem ersten Kinobesuch nicht nur ein permanentes Handyrütteln ein. Nein, als der smarte Georgie gerade mal wieder in 10 000 Meter Höhe aus seinem Business-Class-Fenster schaute, stellte ich mir vor, dass Jette vielleicht auf die Idee kommen könnte, Seifenblasen aus dem Fenster zu pusten – und dabei rausfallen würde ...
Und als ich auf Silkes Geburtstagsfeier die brennenden Kerzen sah, dachte ich darüber nach, dass die Mädchen es sich vielleicht mit ein paar Teelichtern gemütlich machen und dabei die Wohnung abfackeln. Leider helfen Kontrollanrufe gegen Wahnvorstellungen nur selten. Denn entweder ist besetzt, weil die Kinder die Zeit nutzen, um exzessiv zu flatraten. Oder keiner geht ran – weil das schnurlose Telefon im Schrank liegen geblieben ist, nachdem Jette dort die Chipstüte gesucht hat. (Unter uns: Chipstüten verstecke ich grundsätzlich vor

dem Ausgehen, und zwar an wechselnden Orten – zuletzt im Regal hinter den Kochbüchern). Das beste Mittel gegen Wahnvorstellungen ist Ablenkung: Filme mit Georgie, Brad oder Clint sind da gar nicht so schlecht. Zuverlässige Zerstreuung bieten auch die superschicken Winterstiefel, die man beim selbstständigen Stadtbummel mit dem eigenen Mann plötzlich entdeckt.

Gar nicht gut sind hingegen Restaurantbesuche, bei denen am Nebentisch ein nervöses junges Elternpaar sitzt. Mit Babyfon, das piept ...

Dubiose UPS-Lieferungen

Als wir zum zweiten Mal ganz allein ausgegangen waren, klingelte es drei Tage später an der Tür. Davor stand ein netter junger Mann mit einem Päckchen. Ich war irritiert – denn ich hatte nichts bestellt. Es sah nach Büchern aus – also war das bestimmt Jochen. Aber als ich das Päckchen aufmachte, befand sich darin Fachliteratur für Grundschullehrer. Machte mein Mann neuerdings heimlich ein Abendstudium? Oder hatte der Online-Shop da was durcheinandergebracht? »Nein«, hieß es in der Antwort- Mail, »das ist bestellt worden am 24. April um 20.04 Uhr auf den Namen Jochen Glaser.« Ich versuchte mich zu erinnern: Am 24. April waren Jochen und ich bis Ladenschluss in Einrichtungshäusern unterwegs, Sofas gucken. Die Kinder hatten Brote gegessen und waren bis kurz vor halb neun allein ... Langsam dämmerte es mir: Clara! Unser Kind, das müssen Sie wissen, ist sich nämlich heute schon sicher, dass es in 15 Jahren Lehrerin wird: Clara unterrichtet eine (fiktive) zweite Klasse, für die sie beim Discounter vom Taschengeld Mappen und Hefte kauft, wenn dort Bürowochen sind. Ihr Kinderzimmer sieht aus wie ein Klassenzimmer. Und weil man ja gar nicht früh genug anfangen kann mit der Zukunftsplanung, hat sie eben auch schon mal das Weiterbildungsmaterial bestellt. Online, mit »click-and-buy«. Und ohne es zu merken. Einerseits finde ich das sehr vorausschauend und selbstständig. Andererseits haben wir jetzt aber doch eine PC-Kindersicherung installiert. Sonst kommt der UPS-Mann beim nächsten Mal mit einem Hasenkäfig an. Oder mit 20 Paar Chucks – Sie wissen schon, für Claras Zweitklässler!

Amüsierte Nachbarn

Nachbarn sind auf dem Weg in die elterliche Selbstständigkeit eine große Hilfe. Jedenfalls am Anfang. Nachbarn können sicherstellen, dass die Kinder wirklich ins Bett gehen. Sie können auch Erste Hilfe leisten, sollten die Kinder (Achtung, Wahnvorstellung!) auf die fixe Idee kommen, Kakao zu kochen, und dabei überrascht werden von der Tatsache, dass heiße Milch auf Stufe 9 fluchtartig den Topf verlässt. Kurz: Mit Nachbarn sollte man sich auf jeden Fall gutstellen, wenn man vorhat, größere Kreise zu ziehen.

Wir wohnen in einem Zehn-Parteien-Haus mit vielen Kindern. Die meisten sind älter als unsere, was bedeutet, dass ihre Eltern Bescheid wissen über die Begleiterscheinungen, die die zunehmende Selbstständigkeit von Müttern und Vätern mit sich bringt. So sagte neulich die eine Nachbarin mit einem breiten Grinsen zu mir: »Na, warst du vorgestern wieder allein unterwegs?« »Ja, für eine Stunde, beim Zahnarzt«, sagte ich und fühlte mich beklommen, weil ich dachte, Jette hätte vielleicht versucht, auf dem Gehweg unseren Hausstand zu verhökern. »Nein«, sagte die Nachbarin, »ich habe nur gesehen, dass deine Tochter sich für den Weg zum Müllhäuschen sehr schick gemacht hatte ...« Jette, so erfuhr ich, hatte bei 14 Grad Außentemperatur Schottenrock getragen. Dazu ein rückenfreies Top und meine Slingpumps. Damit war für alle klar: Mama ist weg!

Und falls Sie sich jetzt fragen, wie es sein kann, dass ein siebenjähriges Kind freiwillig den Müll wegbringt – ganz einfach: Jette hatte die Kochbuch-Tarnung entdeckt, die Chipstüte leer gefuttert und sich gedacht: Wenn ich die leere Tüte gleich wegbringe, fällt das gar nicht auf.

Tja, jetzt werde ich mir wohl wieder ein neues Chipsversteck suchen müssen – aber so ist das eben, wenn die Eltern flügge werden.

Frau Dr. Mattusch zieht um

Und ich auch. Genau genommen ziehe nur ich mit meiner Familie um. Aber ich habe die Kartons von Herrn Dr. Mattusch. Noch Fragen?

6. August, früh am Morgen

Um es gleich vorwegzunehmen: Ich tue es jetzt zum zwölften Mal. Als Studentin zog ich um, weil ich mich mit meiner WG gezofft hatte. Später zog ich um, weil mein neuer Job in einer anderen Stadt war. Jetzt ziehen wir um, weil unser Schlafzimmer vor einem Jahr Jettes Zimmer wurde und Jochen und ich seitdem in der Fünf-Quadratmeter-Speisekammer nächtigen: Die Kammer ist so groß, dass gerade ein 1,40 Meter breites Bett reinpasst, wenn man nach dem Öffnen der Tür bereit zu einem beherzten Hechtsprung ist. In der warmen Jahreszeit muss man mit nächtlicher Schnappatmung rechnen. Und im Winter ist es schweinekalt. Denn fünf Quadratmeter große Speiseschlafkammern haben meistens keine

Heizung. Außerdem muss man sie ununterbrochen lüften. Hinzu kommt: Es fehlt der Platz für einen ordentlichen Schrank. Meine Kleider befinden sich deshalb auf dem Gang in zwei Kommoden. Dieser Umstand brachte mich in der Vergangenheit immer wieder in prekäre Situationen. Gelegentlich klingelte es nämlich an der Tür, während ich gerade spärlich bekleidet vor der Flurkommode stand und nichts zum Anziehen fand. Meine Kinder, die zu notorischer Neugier neigen, rissen die Tür auf, und ich hatte gerade noch Zeit, mich mit besagtem Hechtsprung in die Schlafspeisekammer zu flüchten.

Das alles wird sich nun ändern, denn die neue Wohnung ist nicht nur im selben Viertel, heller und deutlich größer. Nein, wir haben auch wieder ein richtiges Schlafzimmer, das ich vermutlich nach dem Einzug für mehrere Tage nicht mehr verlassen werde, denn so lange werde ich brauchen, um mich zu erholen. Umziehen mit vier Personen kostet nämlich nicht nur viel Geld, viele Telefonate und viele Besuche in schwedischen Möbelhäusern, die das, was man braucht, gerade nicht da haben – sondern auch jede Menge Nerven. Genau genommen bringt es Mütter an den Rand des Wahnsinns.

6. August, gegen Mittag: Mein Karton-Trauma hat einen Namen

Seit Stunden mache ich jetzt das Gleiche: Ich falte Kartons auf und fülle sie: schwere Bücher zusammen mit leichten Spannbetttüchern, Gläser zusammen mit Handtüchern, öde Steuerunterlagen zusammen mit lustigen Bibi-und-Tina-CDs ... 100 gebrauchte Kartons wurden angeliefert. Ich bin jetzt bei Nummer 46. Nummer 46 sowie Nummer 1 bis 43 zogen vor uns mit Herrn Dr. Mattusch um in den ersten Stock. Das ist auf einem großen weißen Aufkleber zu lesen. Herr Dr. Mattusch besaß unter anderem Cognacschwenker, Skiklamotten, eine Espressomaschine und Krimiliteratur. Außerdem besaß er möglicherweise eine Freundin, Frau Hecht. Frau Hecht hatte eine Hifi-Anlage, japanisches Tee-Geschirr, Wanderstiefel (blau) und Leinenvorhänge, die in Karton 44 und 45 umzogen, bevor ich sie mit Jettes Spielsachen füllte. Es könnte allerdings auch sein, dass Herr Dr. Mattusch Frau Hecht und ihren Leinenvorhang nie kennengelernt hat und erst die Umzugsfirma sie mit ihren Kartons zusammen zu mir brachte. Eigentlich ist mir das auch egal: Ich weiß nur, dass Herr Dr. Mattusch offenbar keine Kinder hatte, dafür aber eine totale Sauklaue, mit der er neben die weißen Aufkleber kritzelte. Bei jedem Karton, den ich auffalte, streiche ich sein schwarzes Gekritzel durch und schreibe in Pink daneben, was ich in den Karton tue und in welchen Raum die Umzugsleute ihn stellen sollen. Auf Karton 46 schreibe ich in meiner schönsten Schrift: »Kinderzimmer Jette! Puppenkleider, Bilderbücher, Schleich-Tiere!« Ja, so werden wir allen nachfolgenden Karton-auf-und-zu-Faltern sympathischer sein als dieser Dr. Mattusch.

6. August, nachmittags: Ich habe Hassgefühle gegenüber unangepassten Wäschetrocknern

Während sich die kleineren Dinge des Lebens leicht in Umzugskartons verstauen lassen, stellen einen die ausladeneren Teile des Hausstands vor größere Probleme. Nachdem ich bereits vor Tagen beim Ausmessen feststellen musste, dass das Heizungsrohr in Claras neuem Zimmer genau da ist, wo eigentlich die letzten sechs Zentimeter des Kleiderschranks hinsollen, gibt mir jetzt der Wäschetrockner den Rest: Jochen kommt gerade aus der neuen Wohnung und teilt mir mit, dass das Ding vier Millimeter zu breit ist, um in die Nische über der Waschmaschine zu passen – weil der Sims des angrenzenden Fensters zu weit vorsteht.

Ein Familienhaushalt ohne Wäscheleine im Keller und ohne Garten braucht aber einen Wäschetrockner. »Wir könnten den Sims etwas absägen«, schlage ich Jochen vor. »Der Sims ist aus Granit, ich bin doch nicht Popeye«, entgegnet der. »Wir könnten den Trockner in den Keller stellen«, versuche ich es weiter. »Da ist kein Anschluss. Außerdem müssen wir dann mit der nassen Wäsche fünf Treppen runter- und mit der trockenen wieder hochlaufen«, sagt Jochen. Da kommt mir plötzlich Herr Dr. Mattusch in den Sinn: Der bringt bestimmt alles in die Reinigung und holt es fünf Tage später fertig gebügelt in Plastikfolie wieder ab. Promovierte kinderlose Schnösel machen so was. Oder sie haben ihre Frau Hecht, und die macht das dann. »Wir müssen den Trockner auf Ebay stellen und uns einen neuen, schmaleren kaufen«, unterbricht Jochen meine Überlegungen. »Ja«, sage ich matt, während ich meinen 77. Umzugskarton auffalte: »Dr. Mattusch, Ordner und S-Unterlagen« steht darauf. S – wie Sado-Maso oder – wie Stasi???

6. August, früher Abend: Ich leide unter Gedächtnisverlust und Identitätsproblemen

Vor zehn Minuten fragte mich Clara: »Mama, wo ist mein Hanni-und-Nanni-Buch?« Und ich hatte hilflos mit den Augen gerollt. Jetzt fragt mich Jette: »Mama, wo sind meine Flip-Flops?« Im Karton, sage ich. »In welchem?«, fragt Jette und fängt an, in Nr. 97 zu wühlen. »Da steht aber DVD drauf«, buchstabiert Jette Herrn Dr. Mattuschs Kritzelschrift. »Hab ich doch durchgestrichen«, sage ich. »Was steht denn in Pink drauf?« »Nichts«, sagt Jette.

Umzugstage, das zeigt sich immer wieder, führen zu vorgerückter Stunde zu vollständiger Verwirrung. Zwar bemühe ich mich jedes Mal, die Dinge auf dem Karton ordentlich zu vermerken. Und dieses Mal habe ich sogar einen Notfallkoffer mit allem Wichtigen gepackt: Zahnbürste, Unterwäsche, Handtuch, Pullis, zwei Tafeln Vollmilch-Nuss – eben alles, was man so retten will, bevor man abbrennt. Aber das Hanni-und Nanni-Buch ist nicht dabei. Und die Flip-Flops auch nicht.

»Du musst die hier nehmen«, sage ich und halte ein Paar Gummistiefel hoch. Mein Kind fängt an zu heulen und sagt, dass das Umziehen eine bescheuerte Idee ist: weil die Flip-Flops nicht da sind. Und die Nachbarskinder jetzt 200 Meter weiter weg. Ich suche nach Argumenten, die gegen diese These und für die neue Wohnung sprechen. Aber plötzlich, am frühen Abend dieses 6. Augustes fällt mir kein einziges mehr ein.

Ich weiß nur noch eins: Ich heiße Anke Hecht. Nein, Anke Mattusch. Nein, Dr. Anke Mattusch. Hilfe!!!

Fünf Tage später: Mein Verfolgungswahn nimmt eine überraschende Wendung

Doch, auch diesmal habe ich es überlebt. Und jetzt sitze ich in meinem nagelneuen Schafzimmer, das ungefähr dreimal so groß ist wie unsere schnappatmungsaktive Speisekammer. Es ist ein verdammt gutes Gefühl, die Kartons langsam wieder zu entsorgen. Nur ein paar stehen noch im Schlafzimmer. Die hatte Jochen gepackt mit seinen Kleidern. Doch oh, was sehe ich denn da: Herr Dr. Mattusch und Frau Hecht! Ganz fett machen sie sich auf den Kartons breit. Was wollen die denn noch hier! Raus aus meinem Schafzimmer!

Eilig beginne ich, Karton 94 aufzufalten. Und da

sehe ich es: Oben auf dem Karton steht »Timmi: Playmo, BOB«. Ich kann es nicht fassen: Mein schnöseliger Umzugsbegleiter ist doch Vater!

Lieber Herr Dr. Mattusch, falls Sie das hier lesen: Ich bitte um Entschuldigung für meine unflätigen Gedanken. Wahrscheinlich sind Sie ein sehr netter Mann, der sich gerade von Frau Hecht getrennt hat, seinen Timmi nur am Wochenende sieht und dann mit ihm »Bob der Baumeister« spielt. Bitte bleiben Sie auch nach der Trennung ein engagierter Vater. Und ach ja, sollten Sie einen Wäschetrockner brauchen für die ganzen Jungshosen: Ich habe noch einen, exakt 59,2 Zentimeter breit. Und für Sie mach ich ihn ganz günstig! Versprochen!

Ach du lieber Gott!

Gibt es ihn, oder gibt es ihn nicht? In der Weihnachtszeit ist diese Frage bei uns wieder besonders brisant.

Vor Kurzem fand ich im Büro eine alte Zeitungsmeldung. Bei einer Umfrage waren 700 sechs- bis zwölfjährige Kinder interviewt worden: Ob sie denn wüssten, warum Weihnachten sei? 39 Prozent der Kinder, so war in der Meldung zu lesen, hätten keinen Schimmer gehabt. Zu Hause stellte ich meinen Mädchen sofort die Kardinalfrage: »Wisst ihr eigentlich, warum wir Weihnachten feiern?« »Ja«, sagte Jette, »das ist doch, weil da der Jesus geboren ist.« »Geboren worden war«, sagte Clara, die in Deutsch gerade Plusquamperfekt durchnimmt, »der Geburtstag ist ja schon 2000 Jahre her.« »2010«, berichtigte ich pingelig. Aber immerhin hatten sie nicht gesagt: »Weihnachten ist, weil Oma kommt.« Oder weil in der Fußgängerzone wieder lauter verkleidete Männer rumstehen, die »Warst du auch brav?« brummen.

Darüber war ich erleichtert. Denn auch wenn ich selbst vor allem deshalb in Kirchen gehe, weil ich die Stille mag und die Kunst: Unsere Kinder sind beide evangelisch. In der Schule haben sie Religion. Und ja, ich finde das gut. Denn, nein, ich bin nicht der Ansicht, dass die Kinder später selbst entscheiden können, ob sie getauft werden wollen. Wie soll man sich für oder gegen etwas entscheiden, was man gar nicht kennt? Tatsächlich hatten unsere Mädchen lange ein unverkrampftes Verhältnis zu den Geschichten in der Bibel. Für sie war das eine Art fantastisches Bilderbuch: Da wurden ausgewachsene Männer von Walen verschluckt und heil wieder ausgespuckt. Oder konnten übers Wasser gehen: Wow!

Doch jetzt werden die Mädchen größer. Sie beginnen, sich über Wunder zu wundern. Und auch ihr Verhältnis zum lieben Gott hat sich verändert.

2006 spielte Gott noch mit Opa Heiner Doppelkopf

Vor vier Jahren starb mein Vater. Da war Clara sechs und Jette drei. Wie erklärt man zwei kleinen Mädchen, was ›tot‹ bedeutet? Wie erklärt man den Widerspruch, der entsteht, wenn sie hören, dass der Opa jetzt in den Himmel kommt – aber gleichzeitig auf dem Friedhof sehen, dass die Toten in der Erde begraben werden? Man sagt vielleicht: »Begraben wird nur der Körper. Die

Seele bleibt immer lebendig.« Und merkt: Das verstehen die Kinder nicht. Oder man sagt: »Der Opa hat jetzt keine Schmerzen mehr. Es geht ihm viel besser.« Clara konnte das nicht glauben: Da unten in der Erde, wo es keinen Schweinebraten gab und keine Doppelkopfrunde, sollte es ihm gut gehen? Am Tag der Beerdigung hatte sie eine andere Theorie: »Wenn alle weg sind, und wenn es dunkel wird, dann lassen die Engel eine Strickleiter runter, und der Opa klettert hoch in den Himmel. Da spielt er dann mit Gott Doppelkopf.« »Zum Doppelkopf braucht man vier«, sagte ich, froh, dass mein Kind mir einen Weg zeigte aus meinen dunklen Gedanken. »Wer sind die anderen beiden?« »Der Josef und die Maria«, sagte Clara. »Die sind ja auch schon im Himmel.« Damals wünschte ich sehr, es könnte so sein!

2008 hörten die Engel auf zu kegeln

Als Clara ungefähr sieben war, enttarnte sie den Weihnachtsmann, den Osterhasen, die Zahnfee und unsere zwei Matratzenmonster Hans und Franz. »Gibt es alles gar nicht«, erklärte sie der empörten Jette. »Die Geschenke kaufen Mama und Papa, und Hans und Franz sind bloß Einbildung.« Blieb noch der Schutzengeltrupp, von dem wir immer redeten, wenn Jette mal wieder irgendwo runtergefallen war. Und der liebe Gott! Gab es den vielleicht auch nicht? Den Erwachsenen war ja alles zuzutrauen. Den Kindern aber auch: In

Claras Klasse waren welche, die erzählten, Gewitter habe gar nichts mit Gott zu tun. Weder mache er Donnergrollen, weil er böse sei, noch spiele er mit den Engeln Kegeln. Nein, Gewitter käme, wenn kalte mit warmer Luft zusammenstieße. Das habe angeblich auch der Willi gesagt, und der Willi will's ja immer genau wissen. Dass die Engel in der Frischkäsewerbung aussahen wie Schauspielschülerinnen mit angeklebten Flügeln, machte sie auch eher verdächtig.

Und dann war da noch diese Geschichte mit Adam und der Rippe. »Wenn Gott den Adam und die Eva gemacht hat und das die ersten Menschen waren, wer hat dann den Gott gemacht?«, fragte Jette eines Tages nach dem Kindergottesdienst. Und ich fing an zu schwitzen: Sollte ich jetzt »Keine Ahnung« sagen? Oder »Beim nächsten Mal fragst du den Pastor«? Doch dann kam mir Clara zu Hilfe: »Das war der Urknall!«, sagte sie wie aus der Pistole geschossen. Und ich fand das einen interessanten Ansatz: Der Urknall hat Gott gemacht, und der hat sich dann um den großen Rest gekümmert: die Berge und Seen, die Moral, die Nächstenliebe und darum, dass der moppelige Luca aus der Zweiten beim Sport nicht immer als Letzter in die Mannschaft gewählt wird. Damals dachte ich: Vielleicht sollten wir einen Brief schreiben an all die Naturwissenschaftler und Theologen, die sich darüber streiten, wie die Welt entstanden ist. Sie hätten einen guten Kompromiss und würden aufhören zu zanken.

Wir schrieben dann aber doch nicht.

2010 verliert unser Gott ein Stück vom Heiligenschein

Eigentlich sind wir evangelisch. Clara ist aber auf einer katholischen Schule. Dort wird morgens manchmal gebetet – weshalb sie zehn Minuten früher da sein muss, um 7 Uhr 50. Clara findet das überflüssig, sie sagt, beten könne sie genauso gut um 7 Uhr 35, wenn sie mit dem Fahrrad zur Schule fahre und das langweilige Stück zwischen dem Tennisplatz und der Ausfallstraße komme. Dann könne sie den evangelischen Gott bitten, dass er die Matheschulaufgabe in der katholischen Mädchenschule nicht so schwer macht. Clara sagt allerdings auch, die Wahrscheinlichkeit, dass der Gott ihr diesen Gefallen tue, sei um fünf nach halb acht genauso klein wie um zehn vor acht! Wir haben uns dann darauf geeinigt, dass der Gott den Menschen wohl eher bei den größeren Dingen helfen muss – zum Beispiel beim Kampf gegen die Umweltverschmutzung: »Die Stelle, wo Jesus im Jordan getauft wurde, ist heute von Abwässern so verseucht, dass die Pilger Durchfall und Ausschlag kriegen, wenn sie im Fluss baden« – hatte ich neulich morgens aus der Zeitung vorgelesen. Die Mädchen fanden das zuerst nur interessant, weil ihnen sonst bei Stadt, Land, Fluss nie ein Fluss mit J einfällt. Dann aber wollten sie doch wissen, wo denn dieser dreckige Jordan ist. Wir haben im Schulatlas nachgeguckt und gesehen: Er fließt durch das Land der Israelis und Palästinenser. »Das sind doch die, wo dauernd Krieg ist«, hat Clara gesagt. »Und warum macht der Gott nicht, dass sie sich vertragen?«, hat Jette gefragt ...

An diesem Punkt begann ich, mich zurückzusehnen zu der Zeit, als der liebe Gott in der Vorstellung meiner Kinder noch in seinem Wolkenschloss saß und kleine Löcher in den Himmel bohrte – durch die er dann milde auf uns runtergucken konnte. Ja, es ist komplizierter geworden mit den Kindern und Gott und der Welt. Und gerade in den Vorweihnachtswochen werde ich mich mal wieder fragen: Wo zwischen christlicher Tradition und Konsumschlacht stehe ich eigentlich? Und wie soll ich in Zukunft umgehen mit den Zweifeln: meinen eigenen – und denen der Kinder? Sicher bin ich mir nur bei einer Sache: Auch in diesem Jahr werde ich in den Keller gehen, um die Holzengelchen zu holen und die Krippe. Ich werde sie hübsch machen und auf die Fensterbank stellen. Und Heiligabend werde ich die Weihnachtsgeschichte vorlesen. Ich möchte nämlich, dass die Mädchen auch im nächsten Jahr noch wissen, warum wir Weihnachten feiern. Für den Fall, dass sie mal in eine Straßenumfrage geraten. Aber auch sonst!

Lieber Schweinehund!

Ich habe Vorsätze fürs neue Jahr. Der erste lautet: Ich sage meinem inneren Schweinehund mal richtig die Meinung!

Eigentlich hast du es nicht verdient, dass ich dir einen Brief schreibe. Denn ich mag dich nicht besonders. Du bist ein träger, fauler Geselle, ein Angsthase dazu. Meistens hängst du auf dem Sofa rum, zappst dich durch Krimis und blätterst dich durch Klatschzeitschriften, in denen steht, was Javier Bardem über Julia Roberts denkt oder andersrum. Dabei futterst du die handgeschöpfte Krokantschokolade weg, die Christiane mir neulich geschenkt hat. Kommt ein Kind vorbei, zum Beispiel Jette, und fragt dich, ob du das Haargummi mit der Filzblume gesehen hast, dann bellst du das Kind an: »Kann man hier nicht mal fünf Minuten seine Ruhe haben?!« Kommt ein Mann vorbei, zum Beispiel Jochen, und fragt dich, ob du mit ihm eine Runde joggst, bellst du den Mann an: Da hätte er eben früher kommen müssen, vor der Krokantschokolade. Außerdem sei da draußen viel zu viel Wetter.

Nein wirklich, Schweinehund, du bist anstrengend mit deiner unbeherrschten Art, deiner Disziplinlosigkeit und deinen ewigen Ausreden. Leider stelle ich fest: Wenn der Vorweihnachtstress vorbei ist und ich zwischen den Jahren endlich Zeit habe, Pläne für's kommende Jahr zu machen, bist du besonders aktiv: »Ha«, bellst du, »spar dir die guten Vorsätze mit dem Gemüse, dem Sport, der Ordnung, der Entschleunigung. Klappt ja sowieso nicht!« Und dann blickst du triumphierend auf die Erfolge deiner bisherigen Boykottmaßnahmen: Du behauptest zum Beispiel, dass ich mir schon im letzten Dezember vorgenommen hatte, zukünftig beim Hausaufgabenmachen immer ganz ruhig zu bleiben. Und weist mich daraufhin, dass ich erst vorgestern wieder schimpfend rausgerauscht bin, als Clara in Mathe die geschweifte Klammer wieder so hinschmierte, dass sie aussah wie die Nase von Gérard Depardieu – aber nicht wie ein Zeichen der Mengenlehre.

Du erinnerst mich auch daran, dass ich mir vorgenommen hatte, nie mehr chaotische Zettel rumliegen zu lassen – mit namenlosen Telefonnummern. Was daraus geworden ist? Immerhin ein Familien-Kalender! Ja, ja, ich weiß, was du sagst: Dass ich darauf jetzt nicht nur namenlose Nummern notiere, sondern auch noch kommentarlos Uhrzeiten ankringle, sodass keiner mehr weiß, was eigentlich los ist: Claras Klavierstunde, Jettes Lehrersprechstunde, mein Arzttermin oder was???

»Und«, frotzelst du weiter, »wolltest du nicht auch den Klamottenberg auf dem Stuhl im Schlafzimmer einmal am Tag aufräumen, damit du nicht immer das schwarze T-Shirt suchst, die blauen Strümpfe oder deine Jeansjacke, in der irgendwo die Sonnenbrille ist? Statt einem Stuhl hast du jetzt eine Bank mit Klamottenberg. Toll!«

Und natürlich hast du auch die vier Elternabende nicht vergessen, auf denen ich mich engagieren wollte. Aber du hast es hingekriegt, dass ich viermal betreten zu Boden geguckt habe, als es an die Beiratswahl ging!

»Siehst du, alles nix geworden mit deinen guten Vorsätzen!«, bellst du heiser.

»Du blöder Hund, sei endlich ruhig«, möchte ich zurückbrüllen. Aber erstens wollte ich ja nicht mehr ausrasten. Und zweitens weiß ich von einschlägigen Erziehungserfahrungen, dass Brüllen gar nichts nützt.

Deshalb habe ich jetzt für's nächste Jahr beschlossen: Du wirst mich kennenlernen, Schweinehund. Und ich dich. Zu diesem Zweck habe ich mich bei den Schweinehundforschern schlaugemacht. Die Schweinehundforscher sagen, dass sich das Motivationszentrum für die guten Vorsätze im Kopf befindet, genauer im rechten frontalen Stirnlappen. Dort treffen jede Menge Erinnerungen, Gefühle, Nervenbahnen und Botenstoffe wie zum Beispiel Dopamine aufeinander. Arbeiten die alle nach Plan zusammen, ist der Inhaber des Stirnlappens wild entschlossen zum Joggen oder zum Karotten-Knabbern oder zum Kinder-Loben. Vielleicht würde es also helfen, wenn ich einen hohen Zaun um mein Motivationszentrum ziehe und davor ein Schild stelle: Schweinehunde müssen draußen bleiben!

Ich habe aber auch noch eine andere Idee: Wenn berufstätige Mütter wie ich sich regelmäßig von schokoladensüchtigen Schweinehunden wie dir ans Sofa fesseln lassen, dann liegt das möglicherweise auch daran, dass sie einfach erschöpft sind von den vielen Dingen, die sie Tag für Tag erledigen müssen: Hausaufgaben betreuen, Texte lesen, Texte schreiben, Buntwäsche aufhängen, 20 Kirschjoghurts in den zweiten Stock schleppen, Ehemänner an die Biotonne erinnern ... Und daran, dass sie sich in den letzten Tagen des alten Jahres Dinge vornehmen, die vielleicht genauso gut und vernünftig sind wie regelmäßig rausgestellte Biotonnen. Aber nicht inspirierend und nicht schön! Und genau deshalb brauchen Mütter wie ich auch gar keine guten Vorsätze, die sie sowieso nicht halten können. Sondern nur noch schöne Vorsätze, bei denen sie überhaupt nichts müssen müssen. Sondern nur noch wollen dürfen.

»Na, und was soll das sein?«, fragst du hinterlistig. Kann ich dir sagen! Einer meiner schönen Vorsätze ist: Ich will weniger jammern, dafür mehr lachen.

Zum Beispiel über die Zehnerpackung Klopapier, die Jochen neulich mitbrachte mit der Bemerkung, er habe sie nur deshalb gekauft, weil sie so einen selten dämlichen Namen habe: Happy End! Oder über Jette, in deren Federmäppchen ich einen kleinen Zettel fand auf dem stand: »M ist eine blödhe Q.«

Zweitens möchte ich mal wieder einen Städtetrip machen!

Was, Schweinehund, du sagst, du liebst Vorsätze, die mit »Mal wieder«, oder »Öfter« anfangen? Die seien so schön unkonkret und für dich ein gefundenes Fressen. Okay, ich korrigiere: Ich möchte nach Stockholm. Mit Jochen. Und zwar am ersten Aprilwochenende. Ich hab schon geguckt: Das ist noch vor Ostern, und die Flugverbindungen sind noch günstig. Und die Schwiegereltern habe ich auch schon gefragt: Sie würden die Kinder nehmen.

Reicht das zur Abschreckung? Dann wäre da noch mehr: Ich möchte ein Waffeleisen kaufen. Ich liebe nämlich Waffeln und die Kinder auch. Sie riechen so gut, sie passen zum Winter mit Zucker und Zimt und zum Sommer mit Kirschen. Und sie gehen schnell! Warum ich bisher keins hatte? Na, weil in unserer Winz-Küche kein Platz für solche Geräte war. Aber jetzt sind wir ja umgezogen ...

Und viertens? Möchte ich mehr mit den Kindern spielen! Nein, nicht Monopoly, das dauert ewig, und ich bin immer frustriert, wenn ich eine Drei würfele und damit direkt auf die Schlossallee muss – wo Clara gerade ein Hotel gebaut hat und ich abdrücken soll, bis ich pleite bin. Es muss was Schnelles, Zackiges, Lautes, Lustiges sein! Und ich weiß auch schon was: Burro! Das ist ein Kartenspiel und heißt auf Spanisch Esel. Schweinehunde sind da auf keinen Fall zugelassen! Und ich glaube, es hat das Zeug für ein schönes neues Samstagabendritual.

Ich weiß schon, Schweinehund, Rituale kannst du gar nicht leiden. Rituale sind stärker als du. Für dich hätte so ein Ritual aber den Vorteil, dass du regelmäßig Gesellschaft bekämst von den anderen Schweinehunden. Wenn wir vier nämlich um den Tisch sitzen und Karten knallen, dürfte Claras Schweinehund vergeblich mit dem Nintendo wedeln und Jettes Schweinehündchen müsste allein auf dem Sofa Maoam essen und KI.KA gucken. Dann könntet ihr euch ein bisschen zusammen langweilen! Ich wünsche dir jedenfalls ein richtig schönes neues Jahr: mit vielen Extrapfunden, vielen offenen Rechnungen und vielen Ausreden für die Vorsätze. Dafür ohne Gemüse, ohne Sport, ohne große Veränderungen. Und natürlich: sehr gerne ohne mich!

DEIN FRAUCHEN

Meine Tage mit SIEMENS

Küchen sind Knotenpunkte im Familienalltag. Hier treffen sich alle, hier kochen wir dreimal die Woche Nudeln mit Sauce. Und hier wird der Raum hinter der Kühlschranktür zur Wellness-Oase.

Heute möchte ich Ihnen meine Küche vorstellen. Nein, kein schickes Designteil mit Kochinsel und so. Eher die kleine Nummer: zehn Quadratmeter, Küchenzeile in Ziegelrot, Hängeschränke und ein Tisch für vier. Von dem Tisch hat man eine gute Aussicht. Sitzt man an der östlichen Tischkante, guckt man von oben runter auf die Hoflinden und auf circa 34 Kinder, die in den Wohnungen rund um uns rum wohnen und die im Sommer laut lärmend fragen, wie tief, Fischer, Fischer, denn das Wasser sei ... Sitzt man an der westlichen Tischkante, guckt man durch unsere Küche, den Flur und das Kinderzimmer zu den Nachbarn hinüber – und die sitzen auch gern in der Küche, wie ich beim Gucken immer wieder feststelle!

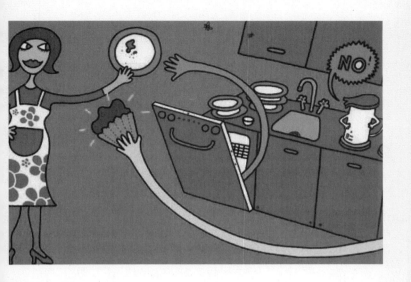

Für mich ist die Sache klar: Die Küche ist nicht nur ein bevorzugter Raum für Single-Partys, sondern auch der wichtigste Raum für Familien. Und dafür gibt es gute Gründe!

Mütter lieben Küchen, weil ... ES DORT VON FREIWILLIGEN HELFERN WIMMELT

Ja, stimmt schon – Küchen sind Orte der Arbeit und des Aufräumens. Das allerdings sind Wohnzimmer, Badezimmer und vor allem Kinderzimmer auch. Küchen haben in dieser Hinsicht allerdings einen großen Vorteil: Während man es bei der Arbeit im Kinderzimmer mit rebellischen Bewohnern zu tun hat, die für gewöhnlich erst mal zehn Minuten lamentieren, bevor sie auch nur einen Finger krümmen, wimmelt es in der Küche von freiwilligen Helfern und stummen Dienern. Da gibt es erstens eine Spülmaschine, die serienmäßig dazu befähigt ist, Nudelsaucenreste aus meiner Küche ins Münchner Kanalisationsnirwana zu befördern. Ich danke meiner Spülmaschine jeden Tag aufs Neue für den großartigen Job, den sie macht. Außerdem gibt es einen Ofen, der mich wirklich versteht. Zum Beispiel, wenn ich vergessen habe, dass heute Nachmittag Frühlingsfest im Hort ist und ich selbst gebackene Muffins mitbringen wollte. Mein Ofen macht binnen 20 Minuten aus einer schnöden Backmischung ein Mitbringsel, das allen suggeriert, ich sei eine gut organisierte Mutter. Und eine sehr gut organisierte berufstätige Mutter. Ich danke außerdem meiner Kaffeemaschine, meinem Apfelteiler, dem Pürierstab, dem scharfen Japan-Messer und den sechs Brotzeitdosen mit der praktischen Trennwand. Nie wollen sie eine Gehaltserhöhung. Und die Schnellkochplatte beschwert sich auch dann nicht, wenn sie sonntags Extraschichten schieben soll. Ich finde, das muss einmal gesagt werden.

Enttäuscht bin ich allerdings von meinem Wasserkocher. Mein Wasserkocher sieht schick aus, ist aber ein Versager. Ich erwarb ihn im Februar dieses Jahres. Im Juli dieses Jahres weigerte er sich zum ersten Mal, Wasser zu kochen. Er tat es einfach nicht. Und deshalb brachte ich ihn dahin zurück, wo ich ihn herhatte. Ich bekam einen neuen Wasserkocher. Der allerdings zickt jetzt auch. Jochen behauptet, das läge daran, dass sich in unserem Haushalt drei weibliche Wesen befänden, die im vergangenen Winter exzessiv Wärmflaschen befüllten. Und ununterbrochen neumodische Tees kochten, die »Träum schön« heißen, oder »Hol dir Kraft«. Ich kann dieser Argumentation nicht folgen: Wasserkocher, die nicht bereit sind, einer Mutter kraftspendende Tees zu kochen, sind für Familienhaushalte ebenso wenig geeignet wie Gefrierkombinationen, die Vätern kein kaltes Bier anbieten – womit ich schon beim nächsten Kapitel wäre:

Väter lieben Küchen, weil ...
ES DORT EINEN KÜHLSCHRANK GIBT

Dass ausgewachsene Männer sich regelmäßig mit ihrem Kühlschrank verabreden, um ein wenig zu plaudern, habe ich von meinem Kollegen Axel Hacke gelernt. Seit ich sein Buch »Nächte mit Bosch«[5] gelesen habe, beäuge ich meinen eigenen Mann mit Argwohn. Ich frage mich, ob es einen Grund zur Eifersucht geben könnte. Oft gehe ich nämlich schon ins Bett, während Jochen noch am Küchentisch sitzt und Zeitung liest. Und wer weiß: Vielleicht vertraut er unserer Null-Grad-Zone Dinge an, von denen ich gar nichts ahne ... Auch sonst zeigt mein Mann ein ausgeprägtes Interesse an unserem Kühlschrank: Er macht ihn täglich mehrfach auf und guckt so ausführlich in sein Inneres, dass man meinen könnte, dort fänden regelmäßig Wechselausstellungen statt. Wenn er fertig geguckt hat, macht er die Tür wieder zu. Manchmal hat er dann ein Stück Südtiroler Speck in der Hand. Oder auch ein Weißbier. Oft aber auch gar nichts. Ich bin deshalb zu dem Schluss gekommen, dass In-Kühlschränke-Gucken für meinen Mann eine Art meditativer Akt ist. Möglicherweise hat der Anblick von gekühlten Freilandeiern und angebrochenen Spreewaldgurken- Gläsern eine ebenso beruhigende Wirkung auf Väterseelen wie neumodische Hol-dir-Kraft-Tees auf Mütterseelen.

Eine große Stütze ist unser Kühlschrank für Jochen aber noch aus einem anderen Grund: Er übernimmt Sekretariatsfunktion für meinen mitunter etwas terminverwirrten Mann. Wir haben nämlich einen frei stehenden Kühlschrank aus Edelstahl. Edelstahl hat den Vorzug, dass Magnete sehr gut haften. Die westliche Seite unseres Kühlschranks ist deshalb vollgepinnt: Dort hängen Geburtstagseinladungen, die Krankenkassenkarten der Kinder, Rechnungen – und Hinweise für den Tag, die laufend aktualisiert werden. Ohne die westliche Seite unseres Kühlschranks, da bin ich ganz sicher, würde mein Mann vergessen, dass seine Mutter Geburtstag hat und ich einen Pressetermin im Münchner Süden und deshalb später komme. Er würde Clara bei Antonia abholen wollen, obwohl sie bei Luisa ist. Und Jette gar nicht vermissen, weil er glaubt, sie ist mit mir zum Einkaufen. Obwohl sie in Wahrheit bei Felix ist.

Und ich – wie gesagt – auf dem Pressetermin. Dies erklärt auch, warum Jochen beim spätabendlichen Zeitunglesen die östliche Seite des Küchentisches bevorzugt. Von dort hat er nämlich freien Blick auf die westliche Seite des Kühlschranks und kann sich mental schon mal auf den nächsten (All-)Tag mit zwei Kindern vorbereiten.

Kinder lieben Küchen, weil ...
SIE STÄTTEN DES ERFOLGS SIND

Als meine Kinder noch klein waren, waren sie immer da, wo ich auch war – also meistens in der Küche. In der Küche haben sie sich mit meinen Töpfen auf ihre spätere Karriere als erste weibliche Drummerinnen bei den Stones vorbereitet. In der Küche haben sie auch ihren ersten ökologisch unbedenklichen Dinkelbrei gegessen und unsere Küchenwand mit einem hübschen Sprenkelmuster garniert. Auch heute noch ist unsere Küche ein wichtiges Feld für die Erprobung junger Talente. So stellte Clara kürzlich fest, dass sie bereits imstande ist, ein warmes Essen auf den Tisch zu bringen. Das warme Essen bestand aus einer Tomatensuppe mit Reis-Einlage. Die Suppe war aus der Tüte, aber immerhin so ordentlich gerührt, dass ich kein Klümpchen sichten konnte. Jette überraschte uns vorletzten Sonntag mit einem gedeckten Frühstückstisch. Es gab kalte Platten. Darauf befanden sich 14 Nutella-Brötchen-Hälften. Auch sehr schön!

Geradezu heroische Küchenerfolge feierten meine Mädchen aber vergangenen Dezember. Damals fürchtete ich mich vor unserer Gewürzschublade. Ich hatte nämlich außen an der Schublade eine Mehlmotte entdeckt. Mehlmotten, die sich an Küchenschubladen rumtreiben, bedeuten nichts Gutes. Und so weigerte ich mich nun, die Schublade zu öffnen. Ich saß nur da und haderte mit meinem Schicksal. Und als ich so dasaß, erbarmten sich meine Töchter: Sie zogen die Schublade raus, inspizierten akribisch alle Schachteln und wurden schließlich fündig: Viecher in der Mandeltüte! Doch bevor ich hysterisch werden konnte, machten meine Mädels kurzen Prozess: Sie holten einen großen Müllsack, schmissen alle Gewürze hinein und schleppten die leere Schublade zum Aushungern eventuell noch vorhandener Bewohner in den Keller. Ich starrte auf das Loch in der Küchenzeile und fühlte mich wie auf der Anklagebank: »Du musst mehr putzen«, maulte das Loch. »Hier sind zu viele Krümel!«

Als Jochen am Abend nach Hause kam, sagte Jette: »Papa, wir haben Haustiere.« Papa zog die Augenbraue hoch. Und dann berichtete ich von meinem Gewürzschubladen- Trauma und dem beherzten Einsatz unserer Mädchen.

An diesem Abend klebten wir einen neuen Zettel an die westliche Seite des Kühlschranks. Darauf stand: Pheromonfallen!!! Was das bedeutete? Es bedeutete, dass ich am nächsten Tag einen Termin im Drogeriemarkt hatte.

Die Motten haben wir danach nicht mehr gekriegt – wohl aber weitere Erfolge gefeiert: Seit ich dezent angemerkt habe, dass Mehlmotten auch vergessene Brotzeitdosen unter Kinderhochbetten sehr lecker finden, darf ich mich nämlich über noch mehr freiwillige Helfer freuen. Nicht nur in der Küche!

Neues von der Noten-Bank

Demnächst kriegen meine Kinder wieder Zwischenzeugnisse. Ein guter Anlass, mal über die allgemeine Bewertungswut nachzudenken.

Nachdem wir umgezogen waren, schickte uns das Umzugsunternehmen mit der Rechnung auch einen zweiseitigen Bogen. Darin sollten wir Noten verteilen für die Freundlichkeit der Mitarbeiter, für die Schnelligkeit beim Schrankzusammenschrauben, die Sorgfalt beim Küchenplattenaussägungen und die Vorsicht beim Transport unserer zahlreichen Ming-Vasen. Dies diene der Optimierung ihrer Arbeit, schrieben die Umzugsleute, denn nur so könne man sicherstellen, dass der Kunde auch in Zukunft zufrieden sei. Da ich schwer beeindruckt bin von Menschen, die ohne Lamento einen Selbstabholer-Schrank zusammenbauen oder ein ordentliches Loch in eine bröselige Altbauwand bohren, stempelte ich einen von Claras Smileys auf das Blatt. Danach hörte ich nichts mehr.

Jochen hingegen machte sich mehr Mühe. Den Bogen, den er kürzlich bei einer Dienstreise in seinem Hotelzimmer fand, füllte er sorgfältig aus. Er gab fürs Preis-Leistungs-Verhältnis eine 1, für Service eine 2, genauso für Design und Frühstück. Eine Woche später bekam er einen aufgeregten Anruf vom Hotelmanagement. So etwas habe man ja noch nie gehabt. Warum er denn so unzufrieden sei, was man verbessern könne? Jochen begriff nicht: Eine 1 – dafür loben wir unsere Kinder über den grünen Klee. Und 3-mal eine 2, was wollten die eigentlich? Es stellte sich raus, dass Jochen die Bewertungsskala falsch verstanden hatte. Die beste Note auf der Skala wäre die 10 gewesen. Eine 1 war die schlechteste. Das lag jenseits unserer Vorstellungskraft.

»Wir sind schulnotengeschädigt«, sagte ich, als mein Mann mir von diesem Zwischenfall erzählte. Und eigentlich ist das auch kein Wunder: Eine Milliarde Schulnoten werden jährlich in Deutschland erteilt, mindestens 100 davon an unsere Kinder. Abgesehen von den Ferien vergeht eigentlich kaum eine Woche, in der unsere Mädchen nicht in irgendwas benotet werden: »92-mal in einer Minute ist eine 1«, sagte Clara neulich. »Ich schaff bloß 68-mal.« »Aha«, sagte ich. »Und um was handelt es sich: Kaugummikauumdrehungen? Oder Schnipser beim Melden?« »Neee«, sagte Clara, »Seilspringen.« Und dass sie da wohl leider eine 4 kriege.

Jette hingegen ist erst in der 2. Klasse und wird deshalb mit einer Notenverschleierungstaktik bewertet. Dabei handelt es sich um eine Art Lehrer- Geheimsprache, die vordergründig dazu dienen soll, Kinder und Eltern mit verbalen Schönfärbereien ruhigzustellen.

In Wahrheit aber dazu da ist, andere Notengeber davon in Kenntnis zu setzen, dass dieses Kind den Hunderterraum noch nicht beherrscht. Oder das S immer falsch rum schreibt. Oder in der Montagsrunde nie einen Ton sagt. Bei der Notenverschleierungstaktik sehr beliebt sind Formulierungen mit kleinen, harmlos klingenden Wörtchen wie zum Beispiel meistens, zunehmend, öfter, weitgehend, nicht immer, selten. Bei uns funktioniert die Verschleierung allerdings nicht. Unsere Kinder hocken bereits im 5. Jahr auf den Noten-Bänken bayrischer Schulen, und wir haben mit der Zeit gelernt, sämtliche Geheimcodes zu knacken.

So gehen Zeugnistage bei mir nicht selten mit mangelnder Impulskontrolle einher: Ich werde laut und fluche. Weil ich die Noten meiner Kinder ungerecht finde. Oder auch gerecht – aber trotzdem nicht erfreulich. Weil ich das Gefühl habe, mit den Noten wird auch meine Arbeit bewertet als Probenvorausahnerin, Vokabelabfragerin oder Zahlenstrahlerklärerin. Und weil ich mich frage, ob das ständige Kinderbewerten wirklich eine sinnvolle Sache ist: »Es ist zumindest keine objektive Sache«, meinte Jochen und legte mir neulich einen interessanten Zeitungsartikel hin, in dem eine oldenburgische Wissenschaftlerin doch tatsächlich herausgefunden hatte, dass Lehrer ein- und dieselbe Mathearbeit schlechter benoteten, nur weil der Name oben auf dem Blatt geändert worden war – und der Mathearbeit-

Schreiber nun nicht mehr Maximilian hieß. Sondern Kevin.

Ich behaupte ja, das liegt eigentlich alles nur an Herrn Gauß. Der hieß mit Vornamen Carl Friedrich, hatte vermutlich eine glatte 1 in Statistik und infiltrierte die Hirne von Kultusministern und ihren Untergebenen. Er erfand nämlich die gaußsche Glockenkurve, und die besagt, dass in der Natur im Allgemeinen die Normalverteilung vorherrscht: Es gibt wenig am Rand und das meiste in der Mitte. Für einen ordentlichen Notenschnitt bedeutet das: Es muss viele 3er und 4er geben, etwas weniger 2er und ein paar wenige 1er und 6er. Und was nicht passend ist, wird eben einfach passend gemacht: zum Beispiel mit der Mathearbeit von Kevin.

Neulich, als auch eines meiner Kinder in der Musikprobe am unteren Ende der Normalverteilung landete und ich mich vergeblich um Impulskontrolle mühte, sagte Clara: »Mama, für deine schlechte Laune kriegst du von mir eine glatte 5.« Oh, dachte ich betroffen, fand das aber gleichzeitig eine interessante Idee. Nachdem Mütter Umzugsleute, Väter Hotels und Pädagogen Kinder bewerten, könnten doch eigentlich auch mal die Kinder ein Zeugnis schreiben. Zum Beispiel für ihre Mütter. Clara und Jette fanden auch, das sei eine tolle Idee. Und setzten sich sofort an den Computer. Das Ergebnis gebe ich hier in Auszügen wieder. Wie Sie sehen, haben meine Töchter die Notenverschleierungstaktik gewählt. Ich vermute, um mich zu schonen ...

Halbjahreszeugnis für Anke Willers, Klasse 46 a

Sozialverhalten: Anke Willers ist häufig eine sehr nette Mutter, was sie aber noch üben muss, ist weniger schreien. Meistens schreit sie, wenn ihre Kinder schreien, und behauptet dann, die Kinder hätten angefangen. Das ist oft gemein.

Arbeitsbereitschaft: Sie ist sehr engagiert mit ihren Kindern und hilft ihnen auch immer wieder beim Hausaufgabenmachen. Wenn Mengenlehre dran ist, ist sie zunehmend ungeduldig und schnell sauer. Sie will zum Beispiel nicht verstehen, warum zur Teilmenge der natürlichen Zahlen auch die Null gehören kann. Sie sollte lieber üben, sich mehr auszuruhen.

Sprachlicher Ausdruck: Anke Willers sagt manchmal Sätze, die sie nicht richtig überlegt hat: Wenn die Kinder beim Lernen nicht aufpassen und lieber spielen wollen, sagt sie: »Geht meinetwegen raus, aber kommt nicht mit einer 5 nach Hause und weint.« Solche Sätze sind schlecht. Das musst du besser machen, Anke!

Der Rest: Der Rest ist ganz okay, bis darauf, dass Anke Willers sich oft zu viele Sorgen um Noten macht und noch ein paar andere Macken hat. Aber die hat jeder, und dafür braucht sie sich nicht zu schämen.

Ob ich mit diesem Zeugnis in den 7. Mütterhimmel versetzt werde? Ich bin mir da nicht so sicher.

Zum Glück habe ich neben meinem Job als Mutter und lernpädagogische Nervensäge ja noch ein anderes

Betätigungsfeld. In meinem Zeugnis haben die Kinder das zusammengefasst unter

Berufsaussichten: Anke arbeitet fleißig und zuverlässig. Sie hat einen sehr passenden Beruf ausgewählt und viel Spaß und Ideen, wenn sie ihre Texte schreibt. Mach weiter so, Anke!

Liebe Kinder, ich danke euch für diese lobenden Worte. Und weil ich jetzt sehr motiviert bin, werde ich diesen Text auch gleich nutzen, um einen längst überfälligen Antrag zu stellen: Zur Rettung des Friedens in deutschen Familien möchte ich hiermit eine flexible Handhabung aller Notenskalen dieser Republik beantragen. Sollte etwa eine Schulnote schlechter als 3 sein, wird die Notenskala einfach umgedreht: 4 bedeutet dann befriedigend, 5 gut. Und 6 fantastisch. Allen, denen diese Lesart nicht geläufig ist, wird empfohlen, sich mit den Leuten des Leipziger Hotels in Verbindung zu setzen, die meinem Mann im Oktober vergangenen Jahres ein sehr hübsches Zimmer mit einem sehr guten Service zur Verfügung stellten. Ich finde ja, sie hätten eine glatte 10.0 verdient. Allein für die Mühe, die sie sich mit dem Telefonat gemacht haben.

Mischels Marshmallows

Wer rastet, der rostet? Und wer abwartet, verpasst sein Leben? Gar nicht wahr!

Neulich Nachmittag um 16 Uhr 12 traf mich der Schlag. Er traf mich mitten im Münchner Bürgerbüro unter der digitalen Leuchtanzeige: 542 lautete die Nummer, die dort angezeigt wurde. Ich hatte soeben die Nummer 596 gezogen. Das bedeutete: 54 Menschen waren vor mir, in Worten vierundfünfzig. Als ich mich von dem Schlag etwas erholt hatte, fing ich reflexartig an zu rechnen. Wenn jeder, der vor mir war, nur fünf Minuten brauchte und keinerlei Sonderwünsche hatte, waren das 270 Minuten Wartezeit, geteilt durch die drei Mitarbeiter, die ich erspäht hatte, macht 90 Minuten, in Worten: anderthalb Stunden.

Hilfe, ich wollte doch nur einen neuen Personalausweis. Ich musste mich erst mal setzen. In diesem Bürgerbüro gab es nicht mal Zeitschriften, ein Buch hatte ich nicht dabei, bei meinem Handy war der Akku leer. Also begann ich, vor mich hin zu starren. Und kaum hatte ich das ein paar Minuten lang getan, kam doch tatsächlich der eine oder andere Gedanke vorbeigewandert. Ich dachte: Was tue ich hier eigentlich? Moderne Menschen warten doch nicht, moderne Menschen haben wichtige Termine oder wenigstens ein Handy, auf dem sie ihr elektronisches Adressbuch aufräumen können. Moderne Mütter, die Kinder, Job, Mann und Haushalt haben, warten auch nicht, moderne Mütter machen im Gegenteil immer mindestens drei Sachen gleichzeitig. Und wie sieht es aus mit modernen Kindern ...?

Pling, machte die Leuchtanzeige. Plingpling: Nummer 545

»Die meisten von ihnen können auch gar nicht mehr warten!«, hatte neulich eine von Jettes Lehrerinnen gesagt, bei der ich in der Elternsprechstunde saß: »Sie glauben es ja nicht, aber wenn ich frage: Was ist die Tauschaufgabe von 7 plus 4, dann rufen alle, die es wissen, gleichzeitig: Frau Lüdemann, Frau Lüdemann, das ist 4 plus 7! Sie können einfach nicht abwarten, bis ich einen drannehme. Und sie können auch nicht aushalten, dass vielleicht ein anderer drankommt, obwohl sie es auch wissen.« Na ja, dachte ich damals, die sind ja auch erst sieben, ist vielleicht in diesem Alter ein bisschen viel verlangt, so viel Selbstbeherrschung ...

> Plingpling, machte die Leuchtanzeige.
> Und dann kam eine Durchsage: Frau Mischel,
> bitte in Zimmer 19. Frau Mischel ...

So, so, Frau Mischel, dachte ich und guckte angestrengt auf meine Schuhspitzen. Vielleicht war das ja eine Bürgerbüro-Angestellte, die jetzt mithalf, damit ich nicht so lange warten musste. Die Dame kam auf jeden Fall wie gerufen. Denn bei Frau Mischel fiel mir plötzlich Herr Mischel ein, Herr Walter Mischel. Und der kannte sich aus mit Warten. Vor ungefähr 50 Jahren machte er es nämlich zum Gegenstand seiner Forschungen. Er legte Vorschulkindern ein Marshmallow hin und sagte: »Wenn ihr wollt, könnt ihr das hier gleich haben. Wenn ihr aber ein bisschen abwartet, dann kriegt ihr zwei.« Was passierte daraufhin? Viele Kinder hatten den Mäusespeck schon im Mund und im Magen, bevor Herr Mischel seinen Satz zu Ende geredet hatte. Ein paar aber machten die Augen zu, kippelten auf dem Stuhl, bohrten in der Nase, guckten auf ihre Schuhspitzen – und warteten. Auf die Belohnung und auf die wundersame Marshmallowvermehrung.

Und weil Walter Mischel Persönlichkeitspsychologe war, fand er diese Kinder besonders clever, denn sie waren trotz ihrer vier Jahre bereits imstande, sich selbst abzulenken und so ihre Bedürfnisse aufzuschieben, weil sie begriffen hatten: Wer hier abwarten kann, wird belohnt. Herr Mischel war begeistert und prophezeite ihnen viel Gutes: eine erhöhte Sozialkompetenz, Frustrationstoleranz und Selbstbeherrschung im Erwachsenenalter.

> Plingpling: Nummer 561. Eine Frau
> stand auf, etwas jünger als ich. Sie hatte
> ein Kind dabei. Es quengelte.

Ich konnte das verstehen. Denn das Bürgerbüro war bestimmt nicht so lustig wie Walter Mischels Versuchsküche, und Marshmallows gab es auch nicht ...
Abgesehen davon: Würde sich heute überhaupt noch ein Kind mit zwei Marshmallows ködern lassen? Bei meinen Kindern klingen die Objekte der Begierde eher so: Mama, ich möchte so gern den Polly-Pocket-Freizeit-Park (Jette), ein Whiteboard (Clara), Reiterstiefel (Jette), ein Handy, das auch Fotos kann (Clara), den neuen Nintendo DS (Clara und Jette). »Must! Have! Jetzt! Gleich!«, heißt die Devise. Und das bringt Mütter wie mich regelmäßig in Erklärungsnot. Ich meine, was soll ich sagen, wenn Clara wie erst kürzlich vor dem Schuhladen steht und unbedingt scheußliche australische Fellstiefel für 169 Euro will? Soll ich ihr sagen, dass es die Ugg-Boots, wenn überhaupt, erst im nächsten Winter gibt, weil Psychologen herausgefunden haben, dass Wünsche-Aufschieben gut für die Persönlichkeitsreifung ist? Vergiss es. Ich könnte auch sagen, dass Ugg von ugly kommt, dass ugly im Englischen hässlich

bedeutet und die Schuhe außerdem viel zu teuer sind. Ist pädagogisch wertvoll, bringt aber auch nicht viel, wenn eine modebewusste Zehnjährige vor einem hippen Schuhladen in Tränen ausbricht und behauptet, die halbe Klasse hätte diese Schuhe. Nein, gute Argumente machen keine guten Abwarter.

> Plingpling, Nummer 581 ist dran.
> Neben mir sitzt Nummer 585 und füllt
> akribisch ein Formular aus.

Die Dame hat ein sehr hübsches Stifte-Etui dabei. Hat sie sich vielleicht mal gegönnt, nachdem sie eine schwierige Präsentation für ihre Firma fertig hatte, dachte ich. Und schaute noch ein Weilchen auf die Stifte. Damit könnte ich Clara sicher auch eine Freude machen. Sie liebt Büromaterial. Und sie liebt Stifte. Dabei fiel mir ein: Sie war einmal geradezu besessen von einer besonderen Sorte Buntstifte, die wir ihr aber nicht kaufen wollten, weil sie noch 50 angefangene Buntstifte in der Schublade hatte. Das Gemaule war groß, und die Stifte, die im Laden 9 Euro 95 kosteten, entwickelten im Laufe der nächsten Wochen in Claras Kopf ein Eigenleben. Mit jedem Tag, der verging, wurden sie wertvoller. Und als unser Kind nach fünf Wochen das Taschengeld zusammengespart hatte und glücklich zum Schreibwarenladen marschierte, war es ein richtiger Festtag! Herr Mischel, was sagen Sie dazu? Ich vermute, Sie sagen das, was die modernen Warteforscher, die Ihnen nachfolgten, auch sagen: dass Abwarten-Können nicht nur vernünftig ist, weil es Selbstdisziplin und Frustrationstoleranz fördert, sondern auch hochemotional. Auf etwas Schönes zu warten, erzeugt auch jede Menge schöne Gefühle: Vor-Freude, Hin-Fieber, Sehn-Sucht. Und es verändert den Wert der Dinge: Manche Dinge werden immer wertvoller wie Claras Buntstifte. Andere verlieren an Wert, wie hoffentlich die Ugg-Boots, die nächsten Winter – bitte, bitte – total uncool sein werden.

Aber kann man das einem Kind erklären? Die Warteforscher, die sich auskennen mit den Windungen in unserem Kopf, den Vernetzungen unserer Nervenzellen und der Ausschüttung der Botenstoffe sagen: Nein, das muss es erleben. Und trainieren. Immer und immer wieder.

Plingpling: Nummer 596.

Ich bin dran! Kaum zu glauben. Also nix wie rein zu Frau Mischel oder wie die Dame hinter der Milchglasscheibe auch immer heißen mag. Was wollte ich noch mal – ach ja, einen Personalausweis beantragen. Jedenfalls war das mein Plan vor – Moment – exakt 82 Minuten. Dann habe ich doch was ganz anderes gemacht. Ich habe dagesessen und übers Warten nachgedacht. Und was ist dabei herausgekommen? Eine hübsche kleine Gedankengirlande in meinem Kopf. Oder sollte ich sagen: Warteschleife? Herr Mischel, Sie hatten recht, Warten kann sich lohnen. Für kleine Menschen sowieso. Aber auch für die Großen, die sonst immer Termine haben, wenn sie nicht gerade zeitungs- und handylos im Münchner Bürgerbüro festsitzen. Und wissen Sie, was: Wenn ich zu Hause bin, schreibe ich das gleich alles auf. Meine Leser wollen ja schließlich nicht ewig warten.

Aus die Maus!

Meine Kinder werden mit Handy und Internet groß. Das ist okay – ab und zu aber hilft nur eins gegen das Gepiepe und Geflimmer: abschalten!

20 Jahre war Mascha Kaléko fort, weil Jochen sie 1990 in einem leichtsinnigen Moment für acht Mark an einen Augsburger Antiquar verscherbelt hatte. Vor Kurzem verspürte er plötzlich Sehnsucht. Er suchte im Netz nach ihren »Versen für Zeitgenossen« und fand in München einen Antiquar, der das Bändchen dahatte, fuhr hin und – unglaublich! Es war »seine« Erstausgabe mit dem Stempel des Augsburger Ladens und seinen handschriftlichen Notizen auf Seite 11. Jochen kaufte Mascha zurück – für 25 Euro. Und war trotz der unterirdischen Rendite selig.

Ja, mit Büchern ist mein Mann speziell. Geschätzte 3000 Stück hat er – und hätte er vor 200 Jahren gelebt, seine Prognose wäre schlecht gewesen: Die Lesesucht und Vielleserei, so warnte 1794 Johann Gottfried Hoche, sei so ansteckend wie das gelbe Fieber. Und seine Kollegen meinten, die Buchsüchtigen würden durch ihr Laster in fremde Welten geleitet und verlören den Sinn für die Realität. Außerdem vernachlässigten sie ihre Pflichten...

Kommt Ihnen bekannt vor? Kein Wunder: Die modernen Medienkritiker klingen nämlich ähnlich – nur dass sie sich heute um die armen Seelen sorgen, die ihren Computern verfallen, ihren Chatrooms und ihren Handys.

Bei uns zu Hause sieht die Situation zurzeit so aus: Die alten Medien machen sich auf 70 Regalmetern im Wohnzimmer breit. Die neuen verteilen sich großzügig in den übrigen Räumen: Man findet sie beim Bettenmachen unterm Kissen (Nintendo), beim Pflichtenverteilen als MP3-Player-Stöpsel in den Ohren (»Was, ich soll den Müll runterbringen, hab ich nicht gehört«). Oder auch geballt in unserer Computerkammer: Dort befinden sich diverse Aufladegeräte, Drucker, Scanner, Telefon mit AB und der Familiencomputer mit Internetzugang. Dazu Kabelsalat und Geblinke. »Kammerflimmern in der Flimmerkammer«, juxte Jochen neulich, als ich genervt und mit erhöhtem Puls den Computer ausstellte, den mal wieder einer angelassen hatte.

Auf der anderen Seite ist unsere Flimmerkammer auch ein Ort der mütterlichen Weiterbildung. Ich jedenfalls habe bei dem Versuch, unsere Töchter zum sinnvollen Umgang mit der Cyberwelt zu erziehen, interessante Erkenntnisse gewonnen:

Beim Surfen ... kriegt man Viren Und kalte Füße!

Neulich las ich von einer Mutter, die das Haus nie ohne Maus und Tastatur verlässt – damit ihre Kinder nicht heimlich daddeln. Das kann schwierig werden, wenn man nur ein Theater-Täschchen mit sich führt, dachte ich. Obwohl: Es gibt wesentlich sinnlosere Accessoires. Promis zum Beispiel schmücken sich ja gerne mit Schoßhündchen. Warum sollten Mütter dann nicht mit Tastaturen herumlaufen: Schaut her, ich bin immer am Anschlag! – würde dann die Botschaft lauten, und die wäre für die meisten von uns gleich im doppelten Sinne zutreffend.

Derzeit regelt sich bei uns das Problem allerdings noch so: Unsere Flimmerkammer hat eine Glastür und keine Heizung. Sitzt man zu lange unbeweglich vor der Kiste – zum Beispiel weil man 20-mal das Youtube-Video klickt, in dem Lena entrückt ins Publikum ruft: »This is not real!« –, kriegen das nicht nur die Eltern mit, sondern auch die Füße. Sie werden kalt. Clara meint, das verstoße gegen die Kinderrechte, und wünscht sich kabelloses Surfen für ausgedehnte Sitzungen im Warmen. Jochen und ich sind dagegen. Wir finden, man muss Prioritäten setzen. Auch vor dem Computer. Ich würde mir ja im Moment nur ein einziges Youtube-Video so oft angucken, dass ich kalte Füße kriege: die Heineken Bierwerbung mit dem begehbaren Kleiderschrank!

Auch Kätzchen ...
können Schweinkram machen

Referate in HSU sind heute ein Klacks: Ein bisschen Wikipedia, ein bisschen Google, und schwupps weiß man das Wichtigste über die Wildkatze: welche Arten es gibt, welche Verbreitungsgebiete und wie der Wildkatzenmann die Wildkatzenfrau kennenlernt. Das schaffen auch schon Grundschüler. Und Wissenschaftler behaupten ja, dass genau dieses leicht zugängliche Info-Angebot durch die neuen Medien dazu geführt hat, dass der IQ der Menschen immer weiter ansteigt.

Allerdings kann die leichte Zugänglichkeit auch unerwünschte Folgen haben. Als Jette neulich »wildes Kätzchen« eingab, poppte gleich pornografischer Schweinkram auf. Zum Glück kriegte ich das mit, weil ich gerade mit der Wäsche an der Flimmerkammer vorbeilief und durch die Scheibe plinkerte.

Ich googelte also im Netz und fand ein Sicherungssystem, das Ordnung versprach: Die guten Seiten nach vorne, die schlechten hinter Schloss und Riegel. Und sollte der Trick mit den kalten Füßen bei uns nicht mehr funktionieren: Die Kindersicherung macht auch die Lichter aus, wenn ich ihr das sage. Natürlich nur, wenn meine Kinder nicht vorher das Youtube-Video finden, das Schritt für Schritt erklärt, wie man so ein System wieder deaktiviert. Also: Bitte nicht weitersagen – sonst muss ich doch noch mit Tastatur ins Theater.

Kunigund und Co ... trifft man im Netz am besten undercover

Clara hat eine Mail-Adresse für ihre Freundinnen, mit denen sie immer Grundschullehrerkonferenz spielt, und für Oma Hella, die gerade einen Computerkurs macht und täglich online ist. Neulich bekam unser Kind eine Mail, die klang so: »Vielen Dank für Ihre Information. Aber darf ich etwas Indiskretes fragen: Wie alt sind Sie? Und wie finde ich Sie? Kunigund.« »Mama«, sagte Clara, »ist man eine Frau oder ein Mann, wenn man Kunigund heißt?« Da ich mir nicht vorstellen konnte, dass meine Mutter im Seniorencomputerkurs bereits solche Verschleierungstaktiken gelernt hat, wurde ich misstrauisch. Und so führten Clara und ich das Gespräch, das wir schon längst hätten führen müssen: Gebe im Netz nie deine Adresse oder die U-Bahnstation raus, an der du morgens immer stehst. Und suche dir fürs Netz einen Codenamen. Es muss ja nicht gleich Kunigund sein!

Nervenzellen-Übervernetzung ... ist besser als Nintendo-Enuresis

Es soll sie ja tatsächlich geben: Menschen, die so lang auf der Spielkonsole Außerirdische abschießen, dass sie ein steifes Handgelenk kriegen. Oder Kinder, die so hypnotisiert Nintendo spielen, dass sie in die Hose machen. Ich halte das für glaubhaft: Wenn Jette sich durch Claras Tierpension klickt, schafft sie locker 80 Anschläge in der Minute – aber nach 2000 Anschlägen starrt sie so krank auf das Display, dass ich ihr das Ding wegnehme. Oft habe ich mich schon gefragt, warum sich die Mathebuchmacher nicht mit den Nintendospieleausdenkern zusammensetzen und für die Schule Material mit ähnlichem Suchtpotenzial entwickeln. Ich meine, gibt es nicht ein Spiel, dass »Mein fabelhafter Zahlenstrahl« heißt, oder »Mein kunterbunter Plusturm«?

Jette würde dann sicher wie verrückt im Hunderterraum rechnen. Und ich würde seltsame Sätze sagen wie: »Achtung, es werden höchstens 30 Minuten Mathe geübt. Sonst kriegst du noch Nervenzellen-Übervernetzung.

»HDGDL ...« ist eine Liebeserklärung!

Neuerdings lerne ich Handysprech. HDGDL heißt: Hab dich ganz doll lieb. Und BSTIMST heißt: Bus steht im Stau. Ja, das weiß ich auch erst, seit Clara zum zehnten Geburtstag ein Handy bekam. Inzwischen schicke ich, zack, zack, Kürzel zurück: AKLA EW (alles klar, Essen wartet) oder WWE (Wie war Englisch?). Dazu gibt's ein hübsches Icon: ☺. Ich habe nämlich gelesen, dass solche Symbole besonders komplexe Hirnaktivitäten hervorrufen. Und das kann nie schaden.

Ja, es ist nicht unanstrengend, wenn man sich permanent multimedial weiterbilden muss, weil man halbwüchsige Kinder hat. Ab und zu muss ich deshalb in die medienfreie Zone: Ich lege mich in die Wanne und warte, dass mein Kopf flimmerfrei und meine Füße wieder warm werden. Dabei frage ich mich, was wohl Johann Gottfried Hoche über das moderne Medienzeitalter denken würde. Frei nach dem Motto »Lieber Gelbfieber als PC-Pest«, würde er heute wohl sagen: Kinder, lest doch mal ein gutes Buch!

Stromfreie Bude

Alle reden von der großen Energiewende – ich probiere es mal mit der kleinen...

Es waren elf! Ich weiß es ganz genau, denn ich habe sie gezählt, die Birnen, die bei uns brannten, an einem ganz normalen Dienstagabend: in der Küche, im Wohnzimmer, im begehbaren Kleiderschrank, bei Jette überm Hochbett, bei Jette unterm Hochbett ... »Licht aus«, rief ich, »es ist Sommer, und das ist Energieverschwendung. Kein Wunder, dass wir jeden Monat 55 Euro für Strom bezahlen.« »Mensch, Mama«, maulten meine Mädchen, »du bist so ungemütlich. Und alles bloß wegen Japan.« »Nein«, rief ich zurück. »Ich war hier schon der Lichtausmacher, bevor Fukushima explodierte.« Und dann wollte ich noch sagen, dass der Strom ja nicht einfach aus der Steckdose komme, sondern aufwendig erzeugt werden müsse, zum Beispiel in AKWs. Und dass das unseren Planeten allmählich überfordere. Und dass wir alle umdenken müssten, wenn wir noch ein bisschen was haben wollten von dieser schönen Welt.

Mir fielen die Schulbrote ein, die oft in den Müll wanderten, weil die Kinder sie im Ranzen vergaßen. Oder die H&M-Fummel, die unsere Mädels für kleines Geld kauften. Um all das herzustellen, braucht man Energie, wollte ich sagen. Und wusste gleichzeitig: Derartige Standpauken bringen nix – außer Widerworten: »Du hast auch 20 Paar Schuhe«, würden meine Kinder kontern, »und für die Nähmaschinen, die das Leder nähen, braucht man bestimmt jede Menge Strom ...« Auch wenn mittelpreisige Plateaupumps oft geklebt sind: Sie hätten im Prinzip recht. Und deshalb ließ ich meinen mental erhobenen Zeigefinger wieder sinken und hatte eine andere Idee: Zum nächsten Sonntag wünschte ich mir eine stromfreie Bude. Und ich kriegte sie! Hier unser Energiebericht:

8 Uhr 30

Ich bin wach, die Sonne bescheint unseren Stromkasten. Ich drehe alle Sicherungen raus. So! Jetzt erst mal einen Kaffee ... »Kaffee?«, fragt Jochen und grinst. Die Kinder grinsen auch. Sie wissen, dass ich ein Koffeinjunkie bin. Clara reicht mir den Rest einer warmen Cola light. Dazu gebe es ungetoasteten Toast. »Igitt«, sagt Jochen und schickt Jette zum Bäcker, knusprige Brötchen kaufen. »Geht der Bäckerofen nicht mit

Strom?«, fragt sie. »Doch«, sage ich, »der stromfreie Sonntag bezieht sich aber nur auf unsere Wohnung.« Jette guckt, als hätte sie mich durchschaut. Aber dann geht sie doch.

10 Uhr

Die gute Nachricht: Ich habe bereits jede Menge stromfreie Energie erzeugt. Und zwar beim Bodenwischen. Die schlechte Nachricht ist: Der Kühlschrank läuft aus. Wir bemerkten die Lache gegen 9Uhr 30. »Heute Mittag gibt's Kartoffelsuppe«, sagt Jochen mit einem Blick auf das Gefriergut. »Kalte Kartoffelsuppe ess ich nicht«, meint Clara. Und ich überlege, wo unser Campingkocher ist. Dann wischen wir noch ein bisschen. Die Kinder essen das Eis aus dem Gefrierfach und finden – vorübergehend –, der stromfreie Sonntag sei eine tolle Idee.

11 Uhr 30

Jette stellt fest, dass der Fernseher nicht geht. Ein Sonntag ohne Maus? Sie ist empört und tobt. Toben und empört sein kann Jette sehr gut. Und ich bin sicher, dabei wird jede Menge Energie frei. Clara erinnert sich, dass sie neulich in »Dahoam is Dahoam« (eine Daily Soap im BR) gesehen hat, wie der ökologisch übermotivierte Opa Preissinger ein umgebautes Fahrrad in die gute Stube stellte, um damit Strom zu erzeugen. »Das könnten wir ja auch machen«, schlägt Clara vor: »Wir setzen Jette aufs Rad und lassen sie strampeln. Dann kriegen wir Strom.« Ich ertappe mich dabei, wie ich Jettes Wut schon in Kilowattstunden umrechne. Vielleicht können wir auch Lina in ihrem Hamsterrad zur Stromgewinnung einsetzen. Das müsste doch wenigstens für die Kaffeemaschine reichen.

13 Uhr

Jette sitzt in ihrem Zimmer und macht stromfrei Musik. Mit Xylofon und Tamburin aus der Musikkiste, dazu singt sie: »Tei-ken bai a strein-scha ...« Gut, dass Lena das nicht hört. »Und was wollen wir heute sonst so machen?«, frage ich. Die Kinder wollen raus an die Isar. Eine gute Idee, finde ich. Und denke schon über hübsche Wortfelder nach, die sich in dieser Kolumne gut machen würden – zum Beispiel das stromlinienförmige Boot, das sicher an uns vorbeischippern wird. Oder die strömenden Menschenmassen an den Ufern. »Strom ist überall«, würde ich sagen, »auch da, wo man ihn gar nicht vermutet.« Jochen will aber nicht zur Isar strömen, sondern Richtung Landshut zum abgeschalteten Atommeiler. »Man muss den Kindern doch mal zeigen, wie so ein Ding aussieht«, sagt mein Mann. Viel zu gefährlich, finde ich: »Was machen wir, wenn die Kinder Fragen stellen?« Von Ranga Yogeshwar weiß ich nur, dass ungekühlte AKWs ungefähr so funktionieren wie vergessene Tauchsieder in Sektkübeln. Aber ob die Kinder das verstehen?

13 Uhr 30

Wir beschließen, eine Radtour zu machen. Radfahren ist umweltfreundlich. Und wer weiß, vielleicht schaffen wir es bis nach Fröttmaning zum Windrad-Watching. Oder wir sehen ein paar Solarzellen: Fotovoltaik lässt sich deutlich leichter erklären als Kernschmelze. Und sympathischer ist sie auch. Clara will die Jeans mit dem Loch anziehen. »Die ist dreckig«, sage ich, »dreckige Jeans mit Loch – das geht gar nicht.« »Können wir doch schnell waschen«, sagt Clara. »Ja«, sage ich, »im Waschbecken, und zum Trocknen rennst du dann Hose schwenkend durch den Hof.« Clara zieht ihre zweitliebste Jeans zum Radfahren an. Als wir im Park Pause machen und Schorle aus schlimmen Plastikflaschen trinken, kommen wir – natürlich ganz zufällig – auf das Thema Recycling. Clara erzählt, dass sie in einer Zeitschrift ein Bild gesehen hat, wie Leute in Afrika aus lauter aufgeschnittenen Limoplastikflaschen ein Schulhausdach gebaut hätten. »Tolle Idee«, sage ich. Doch Jette guckt ratlos. Wieso, scheint sie sich zu fragen, verwandeln Menschen Limoflaschen in Schulhausdächer – wo doch die umgekehrte Richtung das Leben deutlich angenehmer macht. Vorausgesetzt, der Recyclingvorgang wird um einen zweiten Schritt erweitert: Schulhausdächer zu Limoflaschen, leere Limoflaschen zu vollen Limoflaschen.

16 Uhr 30

Wir sind wieder zu Hause: Clara will an den Computer. Ich überlege, ob sich aus Instant-Kaffeepulver und heißem Kranwasser vielleicht was machen ließe. Und Jochen würde gerne mit der Bohrmaschine die gülden gerahmte Kitsch-Kunst aufhängen, die er vor einer Weile vom Flohmarkt heimgeschleppt hat. Geht aber alles nicht. Und dann fällt mir auch noch ein, dass heute »Tatort« kommt, und der gehört für mich zum Sonntagabend. Meistens bügle ich dabei. Na gut, aufs Bügeln könnte ich verzichten, aber ...

Gerade als ich dabei bin, schlechte Laune zu kriegen, klingelt das Telefon: die Nachbarn. Ob wir mitgrillen wollen hinten auf der Wiese?

17 Uhr 30

Ich beiße in ein gegrilltes Stück Paprika: Ein warmes Abendessen ohne Strom – geht doch, denke ich und bin wieder voll motiviert. Nächsten Sonntag könnten wir doch gleich das nächste Experiment machen: »Ein Tag ohne Müll. Oder ein Tag ohne Geld. Ihr dürft euch was wünschen«, sage ich zu den Kindern. »Ein Tag ohne Aufräumen«, sagt Jette.

22 Uhr

Jochen und ich sitzen am offenen Fenster im Kerzenschein. Ohne Strom ist das Leben umständlicher, aber auch romantischer, denke ich. Und gab es da nicht diese Statistik, die neun Monate nach Stromausfällen Geburtenaufschwünge verzeichnete? Liebe Familienministerin, das wäre doch eine Anregung für die nächste Bundestagssitzung: ein Stromabstellungsgesetz – jeden Sonntagabend für zwei Stunden. Dann gäb's mehr Kinder. Und die grünen Kollegen hätten Sie auch gleich auf ihrer Seite. Was ich für diese geniale Idee will? Ach, bitte, würden Sie mir einen schönen großen Kaffee machen?!

Der Streik der Chauffeuse

Schluss mit den Taxidiensten: Seit zwei Monaten kommen meine Kinder ganz allein von A nach B!

Als ich zehn war, hatte ich eine ziemlich große Leidenschaft: schwimmen! Ich trainierte dreimal in der Woche. Danach fuhr ich allein mit dem Rad vier Kilometer nach Hause durch die Felder der niedersächsischen Provinz. Als ich zehneinhalb war, besorgte ich mir ein Rad mit Stange, denn ich wusste: Wenn Mädchen allein durch die Felder radeln, ist es besser, sie sehen aus wie Jungs.

Im Winter allerdings hatte ich ein Problem: Es gab keinen Bus und keine U-Bahn. Meine Eltern wollten aber nicht, dass ich im Dunkeln mit halb nassen Haaren Rad fuhr. Sie sagten: »Wir bringen dich und holen dich ab. Um sechs.« Im Winter hatte ich deshalb zwei Hobbys: schwimmen und warten. In dieser Reihenfolge: Erst ging ich schwimmen. Dann stand ich unter der Laterne am Hallenbad und wartete. Und manchmal wartete ich lange. Meine Eltern hatten nämlich zu tun – und mich in der Zwischenzeit vergessen.

Taxidienste gehörten damals eben noch nicht zur obersten Elternpflicht. Heute ist das anders. Heute gehen die Kinder schon mit vier zum Schwimmkurs, mit fünf zur Ergotherapie, mit sechs zum Hip-Hop und mit acht zur Nachhilfe. Jedes fünfte Kind wird mit dem Auto zur Schule gebracht, las ich neulich. Und dann sind da ja auch noch die ganzen Termine beim Kinderarzt, beim Kieferorthopäden, bei Martha, Leonie und Paula zum Spielen. Dazu braucht man Chauffeure. Oder besser: Chauffeusen. Denn meistens sind die Von-A-nach-B-Bringer und Von-B-Zurückholer Mütter – wie ich.

Das Berufsprofil der Chauffeuse sieht ungefähr so aus: Wenn sie kleine Kinder hat, die sich noch nicht ohne mütterliches Beisein fördern, belustigen oder therapieren lassen, sollte die Chauffeuse geduldig und gesellig sein. Sie sollte es mögen, in Wartezimmern alte Promizeitschriften zu lesen und in zugigen Voltigierhallen schlechten Small Talk mit anderen Chauffeusen zu machen. Wenn die Kinder nicht mehr so klein sind, sollte die qualifizierte Chauffeuse kräftige Waden haben, damit sie zwei Kunden im Radanhänger ziehen kann. Bevorzugt sie das Auto, muss sie unbedingt multitasken können: zum Beispiel spontan in zweiter Reihe parken, die Taste mit dem Warnblinklicht drücken und gleichzeitig klare Ansagen machen: »Ich lass dich schon mal raus. Aber Vorsicht beim Aussteigen!«

Erwartet werden außerdem Kreativität und Flexibilität. Denn die Chauffeuse muss jedes Mal neu entscheiden, was sie mit der angenagten Stunde macht, die zwischen Bringen und Abholen liegt: Reicht es gerade für einen Espresso im Stehcafé? Oder traut sie sich, im Parkverbot zu parken, und schafft den Wochenendeinkauf? Letzteres artete bei mir regelmäßig in Stress aus: Denn garantiert hatte der Typ vor mir in der Supermarktschlange seine Geheimzahl vergessen, die Politesse lief draußen vorbei und guckte schon so, und der Schwimmkurs war seit fünf Minuten zu Ende ...

Ich habe das jahrelang mitgemacht – bis zu jenem Samstagnachmittag im Mai: An diesem Tag waren beide Kinder zum Kindergeburtstag eingeladen: Jette auf einen Indoorspielplatz im Münchner Westen. Clara zu einer Verkleidungsparty im Münchner Norden. Obwohl wir uns den Chauffierdienst bereits mit einer anderen Familie teilten, war ich an diesem Nachmittag geschlagene zwei Stunden damit beschäftigt, Kinder zu bringen, abzuholen, im Wochenendstau zu stehen und dazwischen kein Gläschen Sekt zu trinken – denn Alkohol am Steuer geht bei Chauffeusen gar nicht.

Als ich wieder mit allen Kindern, Kostümen und Mitgebseltüten zu Hause war, beschloss ich: So geht das nicht weiter! Und verkündete: »Ab heute ist Streik, Chauffeusenstreik. In Zukunft gibt es nur noch Belustigungen, Kieferorthopäden und Freunde, die die Kinder allein erreichen können.« Und für die Ausnahmen – zum Beispiel Kindergeburtstage in abgelegenen Provinzen – gibt es ja noch den Mann der Chauffeuse. Er heißt Jochen. Und fährt gerne Auto.

Meine Kinder guckten etwas irritiert. »Und die Klavierstunde?«, fragte Clara. »Fahrrad«, sagte ich. »Und die Schule im Winter?«, fragte Jette. »Laufen oder Roller – wie im Sommer«, sagte ich. »Und wenn ich Emmi in Thalkirchen besuchen will?«, fragte Clara. »U-Bahn«, sagte ich. »Da muss man umsteigen«, meinte Clara. »Üben wir«, sagte ich. Denn ja, das gehört zu einer guten Streikvorbereitung: Will man den Streik durchhalten, muss man den Bestreikten Fahrpläne in die Hand drücken und bei diversen Probefahrten erklären, wie das geht mit der richtigen Richtung, dem Umsteigen – und den Kontrolletti: Die sind hier in München so streng, dass sie bei nicht vorhandenen Fahrscheinen wahrscheinlich auch dann kein Auge zudrücken würden, wenn man ihnen anböte, eine ganze Woche ihre Teller zu spülen.

Man muss den Bestreikten auch klarmachen, dass manchmal komische Leute in Bussen und Bahnen sitzen – und was man tut, wenn die einem auf die Pelle rücken. »Wegsetzen«, meinte Clara. »Ja«, sagte ich, »oder Leute mit Kind ansprechen: Der da hinten will was von mir.« »Oder treten«, sagte Jette. »Nein, besser schreien«, sagte Clara, die gerade Polizei-Training hatte. »Ja, und zwar ganz laut«, ergänzte ich. »Ich will auch alleine U-Bahn fahren«, sagte Jette, die gut treten und schreien kann

»Kommt nicht infrage«, sagte ich. »Du fängst mit der Tram an, zwei Stationen. Ich fahr mit dem Fahrrad nebenher, damit du richtig aussteigst. Und wehe, du gehst bei Rot über die Straße.« »Rotgeher, Totgeher, Grüngänger leben länger«, sagte Jette.

Und eine Kollegin, die bereits Teenager-Kinder hat, warnte mich: »Wenn du deinen Kindern zu Übungszwecken mit Tempo 20 hinterherfährst, musst du aufpassen.« Sie selbst sei bei einer nächtlichen Kontrollfahrt mal von der Polizei angehalten worden: »Warum verfolgen Sie das Mädchen?«, hatten die Beamten gefragt. »Das ist meine Tochter«, hatte die Kollegin geantwortet, »die kommt von einer Party, ich wollte sie mit dem Auto aufpicken.« »Können Sie sich ausweisen?« Konnte sie leider nicht – denn sie hatte nur schnell eine Jacke geschnappt und den Geldbeutel vergessen. Und die Teenager-Tochter? War so sauer auf ihre Gluckenmutter, dass sie einfach mit den Worten abrauschte: »Die – kenn ich nicht!«

Ich habe meinen Streik trotzdem begonnen – und auch wenn ich noch nicht von der Polizei verfolgt wurde, ein paar kleinere Pannen gab es natürlich schon: Einmal fuhr Clara mit der blauen Linie statt mit der roten und kam nicht pünktlich heim. Doch gerade, als ich ein bisschen hysterisch werden wollte, klingelte das Telefon. Clara heulte ins Handy: »Ich bin irgendwo, wo ich nicht weiß, wo ich bin.« »Okay«, sagte ich, »was steht denn auf dem U-Bahn-Schild?« »Da steht ›Großhadern‹«, heulte Clara. »Oh«, sagte ich, haderte nicht groß mit Großhadern, sondern mutierte umgehend zur Streikbrecherin: »Bleib, wo du bist, ich bin in einer halben Stunde da.« Und letzte Woche berichtete Jette von einem Zwischenfall in der Tram: »Heute hat sich ein komischer Mann neben mich gesetzt. Ich hab mich gleich weggesetzt.« »Aha«, sagte ich. »Und warum war der komisch?« »Er hat ›Guten Morgen‹ gesagt«, sagte Jette.

Trotzdem bleibe ich dabei: So ein Chauffeusenstreik ist eine gute Sache:

Die Kinder werden selbstständiger und mobiler. Und die Mütter? Haben plötzlich Zeit: Sie schreiben Streikberichte für die breite Öffentlichkeit. Oder tun was für sich. Ich zum Beispiel gehe jetzt wieder öfter schwimmen. Ob ich hinterher unter der Hallenbadlaterne stehe und warte, dass einer kommt? Nein, nicht nötig: Erstens ist das Bad nur 500 Meter entfernt von unserer Wohnung. Und zweitens nehme ich den Bus mit Füßen, der kommt sofort.

Mission Moneypenny

Eigentlich wollte ich nie ein Haustier. Jette schon. Jetzt haben wir zwei: Ein Krimi ohne Agenten, dafür mit Happy End.

Ich war Dr. NO: Jahre des Widerstands

Doch, doch, ich mag Tiere. Ich bin mit Tieren aufgewachsen. Es waren ein paar Hundert auf dem Hof meiner Eltern. Die Tiere wohnten im Stall. Und der Stall war auf dem Land. Heute wohne ich in der Stadt, viereinhalb Zimmer, Gemeinschaftsgarten. Das ist nichts für Tiere, finde ich. Tiere gehören nicht in eine Vierzimmerwohnung, Tiere gehören nach draußen. Außerdem: Wenn man mit einem Tier vernünftig umgehen will, braucht man Geduld und Zeit: Ein Tier muss gefüttert werden, erzogen, bespaßt und gepflegt. Ich habe einen Job, einen Mann, zwei Kinder, die muss ich auch füttern, pflegen, bespaßen und erziehen. Ich will kein drittes Kind. So klangen meine Argumente in den letzten Jahren. Und alles, was ich um mich herum erlebte, gab mir recht. Julia zum Beispiel befand sich wochenlang in einer postpartalen Depression. Nachdem die Kinder auf die weiterführende Schule gingen und fast den ganzen Tag weg waren, hatte sie einen kleinen Hund angeschafft. Der Hund jaulte herzzerreißend, wenn sie ihn allein ließ. »Das ist ja wie mit einem Baby. Was habe ich nur getan«, sagte Julia, als ich sie auf der Straße traf – und hatte einen glasigen Blick. Kolleginnen berichteten von Zwerghasen, die sämtliche Telefonkabel durchbissen – zu einer Zeit, als Handys noch nicht so weit verbreitet waren. Und von Kanarienvögeln, die auf die Landhausküche schissen. Wegmachen? Musste das natürlich Mama, auch wenn die Kinder vorher was anderes versprochen hatten. Nee, ich wollte kein Tier!!! Und Jochen und Clara wollten auch keins.

Sag niemals nie: Warum wir unsere Meinung änderten

Jette kam mit dem Tierlieb-Gen auf die Welt. Keine Ahnung, von wem sie das hat – aber es fing schon früh an: Ihr erstes Wort war »Nein«, ihr zweites »Bär«, ihr drittes »Wawa«. Mit zwei umarmte sie jeden Wawa, den sie auf der Straße traf – auch wenn der das gar nicht wollte. Mit vier konnte sie den Unterschied zwischen Apfelschimmel, Rappe, Fuchs und Schecke erklären. Und mit fünf begann sie, Delfine zu malen: schwimmende Delfine, springende Delfine, Delfinmamas mit Delfinbabys ... Die Ergebnisse der Delfinbildproduktion befinden sich in einer dicken Mappe. Zusammen mit den Ergebnissen anderer Schaffensphasen: denen der Häschenphase, der Flohzirkusphase, der Giraffenphase und der Drei-Tiger-liegen-unterm-Baum-Phase. Dazu sammelt unser Kind Kuscheltiere, die in großer Zahl ihr Bett bevölkern. Und Schnecken im Hof.

Einmal verstaute sie die Schnecken heimlich in einer Schuhschachtel im Kinderzimmer. Am nächsten Morgen waren die sechs Haustiere durch die großen Luftlöcher entfleucht, und wir fanden zwei unter der Schreibtischschublade, zwei in den Vorhangfalten und zwei gar nicht. »Wir müssen was tun«, sagte Jochen, »sonst kriegt unser Kind einen Schaden.« »Ja – oder ich«, sagte ich. Denn vor meinem geistigen Auge mutierten die verschollenen Kriechtiere bereits zu Fabelwesen mit langen Fangarmen: agentenfilmtaugliche Octopussys, die sich des Nachts über den Inhalt der vergessenen Brotzeitdose unter Jettes Hochbett hermachten. Und danach über mich.

Grüße aus Dsungarien: Wir fangen klein an

Hamster sind nix für Kinder, die schlafen am Tag und machen nachts Radau – sagen alle. Trotzdem haben wir seit letztem Sommer eine dsungarische Zwerghamsterin. Ich wollte, dass sie Frollein Rottenmeier heißt, aber Jette war dagegen: »Zwerghamsterinnen können nicht Frollein Rottenmeier heißen«, meinte sie, »Frollein Rottenmeiers haben Dutts und mögen keine Mehlwürmer.« Jetzt heißt Frollein Rottenmeier Lina. Und ich stelle fest: Auf Linas Zwerghamster-DNA hat offenbar auch eine tagaktive Rampensau ihr Erbe hinterlassen. Wenn Jette aus der Schule kommt, ist unser Haustier ganz aus dem Häuschen und will Futter und Aufmerksamkeit. Jette hat Lina mit Duplosteinen und Kaplahölzern einen Parcours gebaut zum Turnen. Und behauptet, es gebe auf der ganzen westlichen Hemisphäre keinen einzigen Zwerghamster, der das am Tag so gut könne wie Lina.

Wir waren kurzzeitig erleichtert: Endlich hatten wir das tierische Problem gelöst! Hatten wir nicht. Lina war vier Monate bei uns, da bemängelte Jette, dass Lina zwar sehr süß und außerordentlich begabt im Wippe-Wippen und Kokusnussschalen-Schaukeln sei, aber einen gravierenden Nachteil habe: Man könne sie nicht an die Leine nehmen und mit ihr spazieren gehen. Dafür brauche sie – einen Hund! Das war im vergangenen Winter.

In geheimer Mission:
Moneypenny macht Teilzeit

Sie taten es im Frühling hinter meinem Rücken. Und das war gut so. Denn sonst hätte ich es vielleicht verhindert: Der Kindsvater und seine Zweitgeborene setzten sich an den Computer und entwarfen ein Dogsitter-Stellengesuch: »Ich bin so tierlieb. Ich suche einen Hund zum Gassigehen. Wer hilft mir? Jette.« Das Ganze hängten sie mit Telefonnummer an das Schwarze Brett in unserer Siedlung. Zehn Tage später hatten sie Kontakt: Jochen, Jette und Miss Moneypenny. Miss Moneypennys Wunsch, das weiß jeder, war es, mal mit Nullnullsieben auszugehen. Das klappte nie so richtig. Unsere Moneypenny hat da mehr Glück: Sie hat jetzt regelmäßige Dates. Mit Jette. Die hat zwar keinen coolen Aston Martin wie Nullnullsieben. Aber das macht nichts, denn unsere Moneypenny hat auch keine Hollywoodfrisur und kann keine Geheimakten abtippen. Nein, sie ist eine kesse Terrier-Dame. Und ihre Chefs haben ein Atelier für Foto- und Web-Design in unserer Nachbarschaft. Dort bewacht Moneypenny den Flur. Ein eher unaufregender Job.

Deshalb ist Jette jetzt montags, mittwochs und freitags nach den Hausaufgaben Teilzeitfrauchen, und Moneypenny ist Teilzeithund. Beide gehen zusammen teilzeitgassi (und wir im Schlepptau teilzeit hinterher, noch jedenfalls). Moneypenny ist sieben Jahre alt, ein bisschen wild, frech, neugierig. Kurz: Sie passt sehr gut zu unserem Kind. Und manchmal, wenn ich Jette beobachte, wie sie versucht, Moneypenny in Schach zu halten, frage ich mich, wer hier eigentlich wen erzieht. Sehr entschieden und tough – wie es Vorzimmerdamen sein müssen – bringt Moneypenny unser Kind dazu, sich konsequent und klar zu verhalten: Sie macht mit einer Pfote Gimme-Five – aber nur wenn sie hinterher ein Leckerli kriegt. Sie kann auch brav am Straßenrand »Sitz« machen – wenn sie hinterher ein Leckerli fressen darf. Oder weglaufen und wiederkommen, wenn man sie ruft – und hinterher die Leckerli-Tüte zückt. Unser Kind ist überglücklich: Endlich wird sie im Park angesprochen: »Ja, du hast aber einen tollen Hund. Was ist das denn für einer?« »Paaßn-Dschäck- Rassel«, sagt Jette. »Und hört der auf dich?« »Der macht sogar gimmifaif!« »Echt?« »Ja, Moneypennymachmagimmifaif!« Dann kommen das Leckerli und bewundernde Blicke, und Jette wächst um mindestens zehn Zentimeter: Endlich fühlt sich die Kleinste in unserer Familie auch mal als Chef, der anderen sagt, wo es langgeht.

Und weil Moneypenny gut erzogen ist, clever und charmant, macht sie mit. Nicht immer, aber immer öfter: Dass sie neulich erst in den Teich sprang, dann in den Kaninchenbau kroch und hinterher aussah wie eine Flaschenbürste nach dem Großeinsatz, haben wir ihr längst verziehen. Die Wahrheit ist: Miss Moneypenny hat uns alle rumgekriegt. Sogar mich: Demnächst darf sie deshalb über Nacht bleiben. Und Nullnullsieben? Der hat was verpasst!

Schon wieder Wurschtelwochen

»Hilfe, Ferien!«, denke ich jedes Mal, wenn der letzte Schultag naht. Denn die große Frage ist doch: Wohin mit den Kindern, wenn man ins Büro muss?

Es gibt Sätze, die kann ich überhaupt nicht leiden. Einer davon lautet: »Wie, gehst du schon? Na, ich möchte auch mal Teilzeit arbeiten!« Ein anderer: »Ach, ihr habt ja schon wieder Ferien.« Oft schwingt bei diesen Sätzen mit: »Also, im Gegensatz zu euch Müttern muss ich ja ernsthaft arbeiten.« Richtig ist: In diesen Monaten stehen sie wieder Schlange, die schulfreien Tage. Osterferien, Pfingstferien, Sommerferien. »Yippee«, rufen unsere Kinder und machen ausdauernd Pläne: lange schlafen, lange aufbleiben, keine hektischen Geodreieck- Suchaktionen und keine Angst, Frau Dr. Frobenius könnte morgen unerwarteterweise mit einer Englisch- Ex um die Ecke kommen. Das Problem ist nur: Wenn meine Kinder Ferien haben, habe ich meistens leider keine Ferien. Sondern Stress. Denn Jochen und ich sind fest angestellt. Und das heißt, wir haben nicht 15 Wochen frei, sondern jeder nur sechs.

Liebe Mathelehrer, ich finde, das wäre doch mal eine wirklich interessante Sachaufgabe für den allerletzten Schultag: Man addiere die Zahl der tariflich festgelegten Urlaubstage von Mama (30) zu der Zahl der Urlaubstage von Papa (31). Die Summe subtrahiere man dann vom Produkt aus 15 x 5 (Zahl der Schulferientage). Das Ergebnis: Ein Rest von 14 Arbeitstagen, also fast drei unbetreute Wochen. Und: Eltern, die eigentlich nie gemeinsam Urlaub machen. Das ist nicht nur schlecht für die Beziehung, sondern auch nicht wirklich erholsam – weshalb wir uns meist für eine andere Variante entscheiden: Wir machen im Sommer zwei Wochen gemeinsam frei, zu Weihnachten und zu Ostern. Und in den verbleibenden neun Wochen? Wurschteln wir uns durch.

Elterliches Durchwurschteln ist eine hochanspruchsvolle Disziplin. Die gute Nachricht ist: Man kann es lernen. Man braucht bloß ein paar ungünstige Voraussetzungen, die einem das Leben in den Ferien so richtig schwer machen:

Keine Großeltern in der Nähe

Es soll ja Opas geben, die auf dem gleichen Grundstück wohnen wie ihre Enkel und morgens um sieben zuverlässig anrücken, um bis abends um sieben mit den

Ferienkindern Baumhäuser zu bauen. Es soll auch Großmütter geben, die an Ferienmorgen mit dem Rad vorfahren, tapfer zwei Wochen lang Leibspeisen kochen, Computerzimmer abschließen und Chips rationieren. Leider sind unsere Großeltern weit weg. Die eine Oma wohnt am anderen Ende der Republik. Man braucht ungefähr drei Tage, um die Kinder dorthin zu fahren und wieder abzuholen. Und in der Zeit dazwischen ist man nervös. Denn meine Mädchen wurden im fernen Norden mehrmals so von Heimweh geplagt, dass sie spucken mussten und alle Beteiligten hinterher resümierten: Das machen wir aber nicht so schnell wieder!

Die andere Oma und der andere Opa sind nicht ganz so weit weg: Jette besucht sie auch gerne mal für eine Woche. Danach allerdings kann Oma Fini keine Klößchensuppe mehr sehen, und Opa Werner macht drei Kreuze, wenn er am Ende der Woche von den Fahrdiensten zum Reiterhof entbunden wird. Und wenn sein wildes Enkelkind diesmal nicht mit Papas altem Bonanza-Rad Haftpflichtschäden an den Autos der Nachbarn produziert hat.

Das Problem bei der Sache ist auch: Das große Enkelkind, Clara, ist zwar weniger wild, will aber meistens nicht mehr mit zu Oma und Opa – zu viel Heimweh, zu wenig Internet und keine Freunde. Außerdem findet sie Reiterhöfe öde und Bonanza-Räder auch. Dies bringt mich zur nächsten Herausforderung: Um ein Wurschtel-Profi zu werden, braucht man nämlich:

Kinder mit unterschiedlichem Alter und Interesse

Unsere Mädchen sind drei Jahre auseinander. Und das bedeutet für die Ferien: Als Jette zwei war, war Clara fünf, und die Krippe hatte andere Ferienschließzeiten als der Kindergarten. Als Clara sieben war, war Jette vier, und der Kindergarten hatte andere Ferienschließzeiten als der Hort. Die nette Hortleitung bot uns an, unser Kindergartenkind während der Kita-Schließzeiten in den Hort zu bringen. Das fand Jette toll, so bei den Großen. Und Clara peinlich: »Keiner bringt seine doofe kleine Schwester mit!«, sagte sie. »Mit Jette gehe ich da nicht hin.« Ohne Jette wollte Clara allerdings auch nicht in den Hort, jedenfalls nicht in den Ferien. Denn in den Ferien waren im Schulhort nicht unbedingt die Kinder, mit denen sie gerne spielte. Dann beschwerte sie sich: »Keiner muss in den Ferien in die Schule – nur ich, weil du arbeitest!«

Mein schlechtes Gewissen mag solche Plattheiten. Im Chor mit Clara ruft es: »Ja, ja, das ist unmenschlich. In den Ferien gehört ein Kind nach Hause zu seiner Mutter, die mit ihm Plätzchen backt (Winterferien) oder Kränze aus Butterblumen windet (Osterferien) oder jeden Tag im Schwimmbad picknickt (Sommerferien), aber nicht in den Schulhort. Auf solche Ideen kommen nur ganz schlimme Mütter.«

Früher hat mich diese Kritik fertiggemacht, und ich war jedes Mal kurz davor, zu kündigen. Doch dann begriff ich: Ein Wurschtel-Profi hat nicht nur keine Großeltern in der Nähe und inkompatible Ferienschließzeiten, sondern braucht auch:

Ein dickes Fell!

Ich sprach deshalb ein ernstes Wörtchen mit meinem Gewissen. Ich teilte ihm mit, dass es froh sein soll über Horte, die in den Ferien geöffnet haben. Und dass es tatsächlich Schlimmeres gibt, als mit dem Schlauch die Schulhofbüsche zu sprengen (und die kreischenden Erzieherinnen gleich mit). Mehrfach drohte ich meinem Gewissen, es solle aufhören mit dem Gejammer, sonst gebe es Ärger. Heute versuche ich es eher mit Bestechung: zum Beispiel, wenn ich mit den Kindern nach der Arbeit zur Eisdiele gehe. Dann sagt Jette: »Ich will Joghurt.« Und Clara: »Ich will Straciatella«, und mein schlechtes Gewissen sagt: »Ich will Joghurt und Straciatella und Walnuss.« »Na gut!«, denke ich dann und nehme auch noch Schoko.

Inzwischen ist Clara ohnehin aus allen Betreuungskonzepten rausgewachsen. Einen Ferienhort gibt es für sie in der weiterführenden Schule nicht mehr, dafür aber einen immer größer werdenden Hang zum Rumhängen. Als Profi-Wurschtlerin suche ich deshalb nach neuen Lösungen. Eine Kollegin mit drei Kindern berichtete, sie habe sich kürzlich ein Au-pair von Bekannten »geliehen«, die ohne ihr Aupair im Urlaub sind. »Eine echte Winwin-Situation«, sagte die Kollegin. »Ich hatte eine flexible Betreuung, die den Ort kannte, ein Bett hatte und versichert war. Und sie konnte sich bei mir zusätzlich Geld verdienen.«

Ich hielt das für eine interessante Idee, allerdings konnte ich bisher in meinem näheren Umfeld noch kein Leih-Au-pair finden. Ich vermute stark, es handelt sich dabei um eine eher seltene Spezies.

Bleibt noch das Münchner Ferienprogramm. Dort gibt es tolle Sachen: Letztes Jahr zum Beispiel war Clara bei Mini-München, einer Stadt, die von Kindern gemanagt wird. Dort kann man Bürgermeister wählen, kleine Brötchen backen und die Stadt mit fetten Hennen begrünen. Dafür gibt es Mimüs, Taler, mit denen man zwar nicht an die Börse geht – aber an den nächsten Waffelstand.

Cool und besonders beliebt bei Mädchen auch das Zirkusfestival mit Akrobatik, Hip-Hop, Ziegendressur. Allerdings kostet eine Woche mit Betreuung 180 Euro. »Genau das ist ja das Problem«, sagte die Kollegin mit dem Leih- Au-pair. »Spannende Ferienangebote sind so teuer, dass das Geld alle ist, wenn du selbst freihast. Dann kannst du nur noch mit belegten Broten an den See fahren.« »Ja«, sagte ich, »und gerade wenn du da reinbeißen willst, triffst du den kinderlosen Kollegen, der seine Überstunden abfeiert und sagt: ›Ach ja, ihr habt ja schon wieder Ferien!‹«

Unser Ausflug nach Laus-anne

Hauptberuflich schreibe ich ja eigentlich Texte. Im letzten Sommer hatte ich jedoch einen zeitintensiven Nebenjob: Kammerjägerin. Mein Lohn? Hoffentlich nie wieder lausige Zeiten!

Im Grunde könnte ich sehr stolz sein. Denn tatsächlich habe ich es fast neun Jahre lang geschafft. Fast neun Jahre brachte ich meine Kinder tagaus, tagein in Krippen, Kindergärten und Horte. Fast neun Jahre habe ich sicher 153-mal das Schild an der Eingangstür gelesen: Wir haben Läuse! Und 153-mal dachte ich: Wir nicht! Wir haben keine Läuse. Und wir kriegen sie auch nicht! Ätsch!

Doch dann geschah es. Ich weiß es noch genau: Es war an einem Feiertag im Spätsommer. Wir waren gerade zurück aus dem Urlaub, und ich hatte nicht vor, mich gleich wieder aufzumachen in unbekannte Gefilde. Dann aber tat ich es doch. Es war ein Trip, der es wirklich in sich hatte:

Laus-anne, Tag eins, früher Morgen

Tag eins begann im Halbschlaf. Von irgendwoher kam eine Kinderhand, die an meiner Schulter ruckelte. Und dann eine Stimme: »Mama, mein Kopf juckt so.« »Mückenstiche aus den Ferien«, murmelte ich. Und dass heute frei sei. Und ich noch schlafen wolle. Doch dann hörte ich noch eine Kinderstimme in meinen verblassenden Träumen. Diese sprach die gleichen Worte: »Mama, mein Kopf juckt!« Und plötzlich saß ich senkrecht im Bett: Zwei Kinder, zwei juckende Köpfe – so viele Mücken waren doch gar nicht unterwegs gewesen. Schlaftrunken guckte ich auf die Scheitel meiner

Töchter. Doch alles, was ich sah, war ein bisschen Brotaufstrich in Jettes Ponyfransen. »Läuse sehen anders aus als Nutella«, meinte Jochen, obwohl er noch nie Läuse gesehen hatte. »Aha«, sagte ich. Nach dem Frühstück ging ich trotzdem rüber ins Kinderzimmer und suchte nach der Käferlupe. Und, ja, damit sah ich sie dann auch: kleine schwarze Pünktchen, kleine weiße Pünktchen und größere bräunliche Punkte. Letztere mit Beinen. Es war das volle Programm: Nissen, Larven, ausgewachsene Läusemamas und Läusepapas. Ich stieß kurze, spitze Schreie aus!

Laus-anne, Tag eins, Mittag

Gegen Mittag kam die ganze Wahrheit ans Licht: Die lausige Sippe von Jettes Kopf hatte bereits expandiert. Und hatte es sich auch zwischen den Haarwurzeln von uns übrigen Familienmitgliedern bequem gemacht. Gegen Mittag war ich bereits perfekt gerüstet: mit Nissenkamm und Läuse-Gift. »Ersticken funktioniert mindestens genauso gut wie Vergiften«, hatte eine gewisse Susi007 im Läuse-web-chat behauptet. Es sei zudem nicht so gesundheitsschädlich für den Kopfbesitzer. Aber das Erstickungsmittel war in der Apotheke mit der Feiertagsöffnung nicht vorrätig gewesen. Genauso wenig wie der ominöse elektrische Läusekamm, von dem Google berichtete. Deshalb nahm ich das Gift und tat, als würde ich das Mundwinkel-Zucken des Apothekers nicht sehen. Denn ich war nicht sicher, was es bedeutete: »Sie Arme!« oder: »Iih!« oder: »Uuh, Sie sind schon die Dritte!« Gegen Mittag hatte ich auch bereits den Beipackzettel des Vergiftungsmittels gelesen. Und beschlossen: Einmal im Leben darf man seinen Kindern mit Insektiziden den Kopf waschen.

Laus-anne, Tag eins, Nachmittag

Den Nachmittag verbrachten wir zwischen auftauender Tiefkühlkost, Wäschebergen und hellblauen Mülltüten. Die wundersame Vermehrung von Brechbohnen, Himbeeren, Hühnchenschenkeln und Stängeleis in unserer Küche war eine Folge des erbarmungslosen Verdrängungswettbewerbs, der in unserem Tiefkühlfach stattgefunden hatte und den Jettes Lieblingskuscheltiere souverän für sich entschieden hatten. Denn bei minus 18 Grad würde selbst Herbert, der Kuschelgeier, binnen eines Tages lausfrei sein. In den Mülltüten befanden sich größere Kuscheltiere, die auf ihre Umsiedlung auf den Dachboden warteten. Und die Wäscheberge warteten darauf, in die Maschine gestopft zu werden. Insgesamt wusch ich sieben Maschinen bei 60 Grad.

Im Internet las ich zwar später, dass dies eigentlich alles nicht nötig gewesen wäre, weil die gemeine Kopflaus spätestens nach 55 Stunden ohne Blutmahlzeit dahin ist. Rein psychologisch brauchte ich die Waschorgie trotzdem irgendwie.

Laus-anne, Tag eins, Abend

Die restlichen Stunden dieses denkwürdigen Tages verbrachte ich mit Kämmen. Läuse kämmen, das weiß ich jetzt, ist noch wichtiger als Läuse umbringen. Denn wenn man nicht kämmt, erholt sich die Läusepopulation meistens ziemlich bald. Das Blöde ist allerdings: Wenn man vier Familienmitgliedern mit einem Nissenkamm Strähne für Strähne die Haare kämmen muss und das Ergebnis jedes Mal genau mit der Lupe begutachten will, dann dauert das ewig. An Tag eins dauerte es drei Stunden. Und meine Töchter drohten mir mehrfach, auszuziehen aus Laus-anne und nie mehr wiederzukommen. Das Kämmen ziepte nämlich, weil der Kamm aus Metall und außerdem engzinkig war. Die Ausbeute jedoch konnte sich sehen lassen: Neben circa 213 rausgerupften Haaren lieferte Jette doch tatsächlich vier ausgewachsene, 16 jugendliche und zwölf Läuse im Ei. Clara hatte sieben, Jochen hatte drei, und Anke hatte auch drei. Alle waren zu meiner Erleichterung lausetot.

Laus-anne, Tag zwei

Am zweiten Tag suchte ich den örtlichen Kinderarzt auf. Dieser stellte mir eine Bescheinigung aus: Darin war zum großen Kummer meiner Kinder zu lesen, dass der Besuch von Schulen und anderen öffentlichen Einrichtungen nach erfolgter Läusevergiftung bereits an Tag zwei wieder angezeigt ist. Der Arzt beschwor mich auch, nicht nachzulassen: »Sie wissen ja: nass machen und ordentlich auskämmen. An Tag 1, 3, 5, 9, 13, 17.« »Ja«, sagte ich matt, »kämmen« – und dachte: »Kahlrasieren ginge deutlich schneller.« An Tag zwei beschloss ich auch, ganz mutig zu sein. Ich würde es allen erzählen: »Ja, wir haben Läuse. Nein, die können nicht springen und Flügel haben sie auch nicht. Aber guckt trotzdem mal etwas genauer auf eure Köpfe. Ja, die sind winzig, und die Larven sehen aus, als hätte man mit Kuli einen Punkt gemacht. Nein, waschen nützt gar nichts – macht nur saubere Läuse ...« Ich würde auch die spitzen Bemerkungen entfernter Tanten ignorieren, dass es ja sowas früher nur nach dem Krieg gegeben hätte bei den armen Flüchtlingen. Und höchstens dezent anmerken, dass man selbst in den Haaren ägyptischer Königsmumien Läuse gefunden hat. Und ich würde aufhören, darüber nachzudenken, warum die gemeine Kopflaus sich im dritten Jahrtausend so gern in den Gemeinschaftseinrichtungen rumtrieb, die meine Kinder besuchten.

In Irland, so hatte ich gelesen, waren die Viecher schon resistent gegen das Gift. Da konnte man nur hoffen, dass es nicht irgendwann eine irische Laus auf einem rotgelockten Schopf nach München schaffte, um dort erst auf dem Oktoberfest Karussell zu fahren und dann in unserer Kita neue resistente Populationen zu gründen.

Laus-anne, Tag drei bis acht ...

... vergingen recht monoton. Ich kämmte vor mich hin und dachte darüber nach, ob das Wort »Kammerjäger« sprachhistorisch wohl von »kämmen« kam. Dazwischen aß ich aufgetaute Brechbohnen und matschige Himbeeren.

Laus-anne, Tag neun

An Tag neun sollte unser Ausflug ein vorläufiges Ende nehmen. Bevor wir den Ort des Geschehens verließen, musste ich allerdings weitere Giftanschläge verüben. Dies sei unbedingt notwendig für den Fall, dass Nissen die erste Attacke überlebten und nun im Begriff waren, Kinder zu kriegen – hatte der Arzt gesagt. Ich meuchelte also ein weiteres Mal im Lager der Parasiten. Beim anschließenden Durchkämmen ihrer Behausungen war die Ausbeute jedoch mager: Zwei winzige schwarze Pünktchen lagen auf meinem weißen Geschirrtuch. Sie kamen von Jettes Kopf. Und sie lagen auch nach einer halben Stunde noch genau dort, wo ich mit Filzstift einen Kreis gezogen hatte. Ich beschloss: Bei den schwarzen Pünktchen handelte es sich um das, wonach es aussah: Dreck! Und ich beschloss auch: Ich würde jetzt aufhören mit meinem lausigen Job. Der Familienmensch hat schließlich noch andere Dinge zu tun, als stundenlang auf dem Fußboden zu hocken, in der linken Hand eine Lupe, in der rechten einen Nissenkamm und vor sich einen Kinderkopf.

Drei Monate später

Das alles ist nun schon wieder eine ganze Weile her. Vergessen haben die Kinder es trotzdem nicht. Neulich zum Beispiel, als wir über den Skiurlaub sprachen, sagte Jochen: »Und wenn wir schon in der Gegend sind, können wir ja mal nach Lausanne fahren. Soll schön sein da am Genfer See.« Doch dann blickte er in die erschreckten Gesichter unserer Töchter: »Laus-anne!!?? Da wohnen doch die Läuse!«, sagte Jette. »Nee«, sagte Jochen, »da wohnen jetzt die Schweizer. Die Läuse sind umgezogen. Nach Lausthal-Zellerfeld.«

Bekenntnisse einer Hobby-Psychologin

Kleine Kinder machen heutzutage Frühförderung, große Kinder Hobby-Hopping. Ich frage mich: Brauchen Kinder eigentlich Erwachsene, die ihnen sagen, was Spaß macht?

Erinnern Sie sich an die Geschichte mit dem stromfreien Sonntag? Die Nachbarn hatten uns zum Grillen eingeladen. Dabei erzählte mir eine Mutter, ihre Tochter mache Hockey. Und das sei toll: Super für die Hand-Augen- Koordination, teamorientiert, außerdem sei das Spiel schnell, und man könne ordentlich Dampf ablassen. Jette biss gerade in einen gegrillten Maiskolben und wurde hellhörig. Unsere Tochter lässt nämlich gerne Dampf ab. Und die Variante mit Hockeyschläger kennt sie noch nicht. »Wenn du willst«, sagte die Nachbarin, »nehm ich dich mal zum Schnuppern mit. Wir trainieren immer mittwochs und freitags, hinten beim ESC.« »Hinten beim ESC«, das klang gut – so als könnten die Kinder den Weg dahin langfristig allein gehen.

Aber es klang nur so, denn »hinten« hieß eigentlich im übernächsten Stadtteil, ohne U-Bahn-Anschluss, kurz: 15 Minuten mit dem Auto. Ich dachte nach: Hatte ich mir nicht vor gar nicht so langer Zeit geschworen, als Chauffeuse nicht mehr zur Verfügung zu stehen? Und war Jette nicht mittwochs bis vier in der Schule und ich im Büro? Und danach mit Moneypenny, unserem Leihhund, unterwegs? Und kamen bei Hockey am Wochenende nicht irgendwann Punktspiele, bei denen die Eltern filmend und Trinkflaschen haltend am Spielfeldrand stehen mussten und Trikot waschend den Abend beschließen? Und sollte ich das vielleicht lieber gar nicht erst anfangen ...? Ich hatte laut gedacht. Zu laut. Denn ich hörte die eigentlich sehr nette Nachbarin pikiert sagen: »Was ist schon Gassigehen mit dem Hund gegen ein richtiges Hobby?«

Ich erbleichte! Denn, ja, es stimmte: Weder Clara noch Jette waren in einem Verein. Sie machen kein Taekwondo, kein Synchronschwimmen, kein Ballett. Auch sind sie nicht imstande, den Inhalt von Jochens Werkzeugkoffer auf Mandarin zu benennen. Und das obwohl ihre Förderfenster seit Jahren sperrangelweit offen stehen. Und ihre Gehirne sich im Turbogang vernetzen. Betreten saß ich mit meinem Grillwürstchen in der Ecke.

Hatte ich die Synapsenpflege meiner Töchter vernachlässigt? Tatsächlich habe ich schon in der Kleinkindzeit eine ausgeprägte Abneigung gegen Förderkurse entwickelt. Ich wollte nicht einsehen, dass schon Vierjährige eine durchgetaktete Woche brauchen, um gut ins Leben zu kommen. Ich fand Kinderbeklatschen an Spielfeldrändern doof. Und als mir im Kindergarten eine bilinguale Mutter den Flyer mit Helen Dorons Early-English-Kursen in die Hand drückte, lag der zwar eine Weile zu Hause auf der Kommode – wanderte dann aber doch in die Tonne. Genauso wie das Infoschreiben der »Fastrackids«, in dem die Institutsbetreiber versprachen, sie würden »ein Leben lang für Vorsprung sorgen«. Was war los mit mir? Wollte ich einfach nur meine Ruhe haben in einem Leben, das unruhig genug war, weil Jochen und ich versuchten, zwei Jobs und zwei Kinder unter einen Hut zu bringen – und (ohne Ballettkurs in der frühen Kindheit) nicht genau wussten, wie man diesen Spagat hinkriegt?

Ja, das war ein Grund. Ein anderer: Meine Kinder hatten überhaupt keine Lust, frühgefördert zu werden. Sie waren nämlich in der Kita und später in der Schule und im Hort. Und wenn sie nach Hause kamen – meistens gegen drei –, waren sie müde und wollten keine Termine mehr, in denen ihnen Erwachsene sagten, was Spaß machte. Rief ich um vier aus dem Fenster: »Packt zusammen, wir müssen zum Theater-Kurs«, stellten sie sich taub. Denn sie hatten gerade unten im Hof ein Eiscafé eröffnet, in dem es Eisbecher gab, die aussahen wie Sandförmchen, und Kellnerinnen, die aussahen wie Kinder, die sich ein Küchenhandtuch umgewickelt hatten. Und Speisekarten, die aussahen wie Pflastersteine, auf die jemand mit Kreide »Ziehtrone« und »Erdbär« gekritzelt hatte ...

Also hörte ich irgendwann auf, aus dem Fenster zu rufen. Und beschloss, dass Eiscafé-Eröffnungen auch der Kreativität und der Synapsenpflege dienten. Und dass Seilspring-Wettbewerbe im Hof gut sein konnten für die Hand-Auge-Koordination – auch wenn es dafür keine Abzeichen gab und keine Forschungen, die besagten, genau dies sei der Grundstein für eine erfolgreiche Karriere in der globalen Welt.

Manchmal glaubte ich sogar, ein Schulterklopfen zu spüren: Es waren Geigen, Lernlieder und Turnmatten, die mich lobten: »Endlich mal eine, die sich nicht anstecken lässt vom Förderwahn«, sagten sie. »Endlich mal eine, die begreift, dass wir schwer leiden unter all den Kleinen, die uns zwei Monate toll finden und dann wieder fallen lassen – weil ihre Eltern ein noch tolleres Hobby entdeckt haben.«

So verging die Zeit. Meine Kinder lernten im Sommerbad einigermaßen Schwimmen, in der großen Pause einigermaßen Einradfahren, im Schulchor einigermaßen Kanonsingen und von Tante Birgit so viel Skifahren, dass sie im bergigen Bayern nicht unangenehm auffielen. Aber so richtig ernstzunehmende Hobbys hatten sie nicht.

Bis vor einem guten Jahr. Da kam Clara und sagte: »Ich will Klavier spielen.« »Oh«, sagte ich, »Klavier! Aber wir haben doch gar kein Klavier.« Damit war das Gespräch erst mal beendet. Zwei Wochen später kam unser Kind und sagte: »Mama, ich habe ein Klavier und eine Klavierlehrerin.« Die Adresse der Klavierlehrerin hatte Clara von einer Freundin. Sie hatte bereits angerufen und erfahren: Es ginge immer donnerstags um fünf. Das Klavier war ein E-Piano und gehörte einer anderen Freundin, die es auf unbestimmte Zeit verleihen wollte, weil sie jetzt Saxofon spielte und im Keller kein Platz mehr war. Denn da lag schon das Schlagzeug von ihrem kleinen Bruder, der jetzt Judo machte, und die Reitausrüstung von ihrer großen Schwester, die 15 war und am liebsten gar nichts mehr machte – außer zu pubertieren.

Wir transportierten das geliehene Piano in einem VW-Bus, mit dem der Vater der Saxofon spielenden Freundin jetzt an den Wochenenden seinen Sohn und ein paar andere Judokas zu den Wettkämpfen kutschiert. Nun frage ich Sie: Ist es normal, dass ein Kind, das niemals bei den Fastrackids »betriebliche Führungsfähigkeiten« erworben hat, fähig ist, so zu netzwerken und zu organisieren? Und wie kann es sein, dass ein Kind, das mit vier noch nicht an ein Instrument herangeführt wurde, mit neun plötzlich Lust verspürt, Klavier zu spielen? Möglicherweise ist dies die Folge meiner schlampigen Frühförderung. Aber wissen Sie was: Damit kann ich leben!

Und was machen wir jetzt mit dem Hockey? Ich bin beinahe so weit, »Ja« zu sagen. Vor allem, seit Jette vor Kurzem aus dem Schullandheim kam. Dort hatte sie offenbar mal wieder sehr viel und sehr unkoordiniert Dampf abgelassen. Die Folge waren kaputte Knie, die sich entzündet hatten: »Staphylokokken«, diagnostizierte der Arzt und deutete auf die vielen Schrunden: »Sind ja in keinem guten Zustand, diese Beine«, sagte er und runzelte die Stirn. Dann zeigte er auf Jettes Hals, der im grellen Licht der Arztlampe eindeutig nicht ganz sauber war: »Und wann warst du das letzte Mal in der Wanne ...?« Gerne hätte ich in dieser Situation selbstbewusst gesagt: »Ach wissen Sie, ich habe sie gerade hinten vom ESC geholt. Sie spielt regelmäßig Hockey. A-Mannschaft. Bei jedem Wetter.« Dabei hätte ich rausgeguckt in den Regen, und die wehen Knie und der dreckige Hals wären gut rübergekommen – als Zeugnis einer intensiven Förderung. So hockey- und hobbylos aber konnte ich mich nur schämen.

(K)alter Schwede!

Ein Paar Tage Stockholm, zur Mittsommerzeit, ganz ohne Kinder, nur mit dem Angetrauten: geniale Idee!? Dachte ich auch.

Am Anfang dieses Jahres hatte ich einen guten Vorsatz: Ich wollte mal für ein langes Wochenende mit meinem Mann wegfahren, nur mit meinem Mann! Schön Stadt angucken, schön in Bars sitzen, ungestörte Gespräche, spüren, wie gut man auch nach elf Jahren Ehe zusammenpasst, solche Sachen eben. Am liebsten wollte ich nach Stockholm. Ich mag die Skandinavier, ihre liberale Art, das Wasser, das Design. Und sehen nicht auch Daniel und Victoria in der Bunten immer sehr glücklich aus, wenn sie durch die Stadt joggen?

Um es kurz zu machen: Wir waren tatsächlich da – ohne Kinder, an Midsommar. Und ich habe Ihnen auch was mitgebracht: Ein ziemlich zuverlässiges Programm, wie man in vier Tagen Ehepflege-Urlaub eine solide Beziehungskrise heraufbeschwört:

Schritt eins: Verbünde dich mit einer ausgewachsenen Schlechtwetter-Front

Ich hatte Schweden hell und licht in Erinnerung. Stromerte Lisa in Bullerbü nicht barfuß durch den Sommer? Und war nicht auch die Hoppetosse immer bei strahlendem Sonnenschein eingelaufen? Wir landeten bei bewölkten 15 Grad. Am nächsten Tag regnete es. Jochen sagte: »Gehen wir eben ins Nordische Museum und gucken uns die alten Schweden an.« »Na gut«, sagte ich und guckte mir auf dem Weg dahin schon mal die jungen Schwedinnen an. Sie trugen Gummistiefel und Minirock, dazu Mütze. Ich trug Turnschuh und nasse Füße – dazu einen Regenschirm, der von der nächsten Windböe geschrottet wurde. Zusammen mit meiner Laune.

Jochen zitierte Carl Valentin: »Ich freue mich, wenn es regnet, denn wenn ich mich nicht freue, regnet es auch.« Und ich stellte fest, dass der Mann an meiner Seite irgendwie nicht zu mir passte – jedenfalls nicht bei Regen.

Schritt zwei: Reise in eines der familienfreundlichsten Länder Europas und lasse deine Kinder zu Hause

Der Schwede ist Kindern sehr zugeneigt. Das wusste ich vorher. Schließlich kennt man als ELTERN-Redakteurin die europäischen Geburtenraten: Frankreich 2,0, Schweden 1,9 und Deutschland 1,3 Kinder pro Frau. In Stockholm aber stand der statistische Unterschied plötzlich vor mir. Überall – so schien mir – wimmelte es von Kindern: Sommersprossig und schwedenblond saßen sie in Strassenbahnen und hatten putzige Regenmäntel mit roten Prilblumen an. Oder sie stapften in Gummistiefeln am Hafenkai herum und die Eltern stapften entspannt hinterher.

Das machte mich wehmütig. Wie konnten wir eigentlich auf die Schnapsidee kommen, ohne Clara und Jette nach Stockholm zu fahren. In eine Stadt, wo jedes Café einen Kinderbereich hat, jedes Museum ein pädagogisches Zentrum und jeder H&M eine Riesenklamottenabteilung für die Größen 122 bis 176.

»Hast du auch gerade Sehnsucht?«, fragte ich Jochen als im Nordischen Museum ein ausgesprochen gut aussehender Schwede sein Baby wickelte. »Nach einer Stinkewindel?«, fragte Jochen. »Nein«, sagte ich, »aber nach dem Gefühl, hier als Familie unterwegs zu sein.«

»Nö«, sagte mein Mann, »ist doch für Kinder viel zu nass.« Er frage sich vielmehr, wo in Stockholm die alten Leute seien. In der U-Bahn würden wir zwei ja nach 22 Uhr den Altersdurchschnitt rapide erhöhen.

Ich guckte in den nächsten Spiegel: Tatsächlich, nach all dem Regen hatte ich ältliche Wasserwellen wie Pippis Prusseliese. Und zum zweiten Mal an einem Tag war ich irritiert: Während ich mich wehmütig mit der Abwesenheit meiner Kinder beschäftigte, sinnierte mein Mann über die Abwesenheit schwedischer Rentner. Tickten wir zwei eigentlich noch richtig?

»Wir sollten irgendwo hingehen, wo es dunkel ist«, sagte ich und dachte: Vielleicht fallen die Unterschiede da weniger auf: die zwischen jung und alt. Und die zwischen Jochen und mir.

Schritt drei: Finde eine hippe Skybar über den Schären und höre dann dein Handy klingeln

Wir landeten im Gondolen. Zum Gondolen gehört eine Bar, die wie ein Raumschiff hoch über dem Wasser hängt, mit gigantischem Blick über die Stadt. Die Regenfront machte gerade Pause und vier Heißluftballons schwebten durch den Mittsommerabend. »Ooh«, sagte ich und dachte: Vielleicht wird es ja doch noch was mit dem luftig-leichten Urlaubsgefühl – nur wir zwei auf einer Wellenlänge hoch über dem Meer

»Ich hole Drinks«, sagte mein Mann. Ich fand das zielführend: In spektakulären Bars muss man einen Drink in der Hand haben, um dann in trauter Zweisamkeit in die Nacht zu schauen und zu wissen: An diesen Moment werden wir uns lange erinnern.

Derweil beobachtete ich die Gäste: ganz schön highe Heels, ganz schön kurze Röcke! Mein Mann kam lange nicht wieder. Nach etwa 20 Minuten erschien er mit zwei Gin-Tonics. Das weibliche schwedische Jungvolk sei ständig aus dem Hinterhalt aufgetaucht, habe dem Barmann zugezwinkert und ihn mit seiner Bestellung abgedrängt, erklärte er mir. Und mit meiner Prusseliesenfrisur wagte ich nicht nachzufragen, ob nicht vielleicht er es war, der dem weiblichen Jungvolk zugezwinkert hatte und dabei den Barmann aus dem Blick verloren...

Egal, jetzt standen wir da, beobachteten das Sinken der Mittsommersonne und nuckelten an unserem Gin Tonic.

Da klingelte mein Handy: Eine schluchzende Clara war dran. Sie habe so Heimweh. Und die Oma schliefe schon. Und das Wetter sei so schlecht. Und wir sollten kommen. Schnief! Ich tröstete, Jochen schimpfte. Dann tröstete Jochen und ich schimpfte. Dann legten wir auf. Und stritten ein bisschen, ob man in so einem Fall trösten muss oder schimpfen. Die Mittsommersonne war inzwischen auch untergegangen.

Schritt vier: Beschließe, dass ein gutes Essen in den meisten Krisen hilft – und vergesse zu reservieren

Am dritten Tag regnete es wieder und hatte zur Abwechslung 14 Grad. Inzwischen hatten wir aufgehört, uns was vorzumachen: In diesem Urlaub regierte Murphys Law, es ging einfach alles schief. »Wir sollten uns trennen«, sagte mein Mann.

»Ja«, sagte ich: »Du gehst zur modernen Kunst und ich ins Vasa-Museum«. Am Nachmittag trafen wir uns wieder. Ich wusste nun, dass die Vasa ein ziemlich großartiges Kriegsschiff war, das 1628 bei der Jungfernfahrt im Stockholmer Hafen sank, weil die Kanonen zu schwer waren. Und Jochen wusste, dass Edvard Munch ein ziemlich großartiger Expressionist war, der in seinem Leben tief sank, weil er schwer dem Alkohol verfallen war. Wir hatten also durchaus verbindende Erkenntnisse.

»Und heute Abend gehen wir schick essen«, sagte ich. Jochen blätterte im Reiseführer *Ein perfektes Wochenende in Stockholm*[6]. »Hier, das ›Tranan‹. Da gibt's Promis und guten Lachs.«

Als wir um Sieben im strömenden Regen vor dem Lokal standen, sah das innen sehr heimelig aus. Alles wird gut, dachte ich. Doch dann fragte die Empfangsdame: »Madam, haben Sie reserviert?« Und schnell wurde klar: Wir müssen draußen bleiben. Im Regen gingen wir zurück und irgendwann zu irgendeinem schwedischen Italiener.

Was wir gegessen haben – weiß ich nicht mehr. Nur noch, dass unsere Smartphone-App eine Beilage mit »tomatisiertem« Reis übersetzte. Tomatisiert?? Das klang nach einer Mischung aus traumatisiert und atomisiert – und wie die Beschreibung eines bedrohlichen Zustands. Insofern passte es gut zu unserer Stimmung.

Als wir am nächsten Morgen abreisten, kam die Sonne raus. Der traumatisierende Dauerregen schien sich atomisiert zu haben. Jedenfalls war er weg. Und unsere Laune? Auf dem Wege der Besserung, sozusagen: enttomatisiert.

»Und was«, fragte ich Jochen, »schreibe ich jetzt in meiner Geschichte über den Ehepflege-Urlaub?« »Fahrt in den Süden und nehmt die Kinder mit, solange sie noch mitwollen«, sagte mein Mann.

Ich bin ganz seiner Meinung. Wie immer!

Von der Rolle!

Ich liebe meine Kinder und meinen Beruf, und ich finde es schön, dass ich beides verbinden kann. Aber finden meine Mädels das auch schön? Oder haben sie ganz andere Rollenvorstellungen?

Vor Kurzem habe ich endlich auch dieses Buch gelesen: *Die Feigheit der Frauen.*[7] Kennen Sie ja vielleicht. Die Autorin, Bascha Mika, behauptet darin, dass sich für uns Frauen in den letzten Jahrzehnten gar nicht viel verändert hat. Sobald wir Mütter werden, meint sie, schmeißen viele von uns über Bord, was wir eigentlich mal wollten – eigenes Geld, berufliche Perspektive, die andere Hälfte des Himmels – und zögen uns zurück in die gemütliche Latte-Macchiato-Komfortzone zwischen Spielplatz und Kitabegrünungsaktionen. Zur Verteidigung, meint Bascha Mika, würden wir dann gerne die Kinder vorschieben und ein überhöhtes Supermama-Ideal: Die Kinder brauchen uns schließlich, das versteht jeder ... In Wahrheit würden wir aber denken: Geld verdienen, sich vom Chef ärgern lassen und durch die raue Berufswelt kämpfen – sollen das doch die Kindsväter machen!

Starker Tobak, der Fragen aufwirft: Ist so ein Leben in der traditionellen Rolle nun kurzfristig feige? Oder langfristig Notwehr, weil frau es leid ist um Betreuungsplätze und passende Arbeitszeiten zu betteln. Oder vielleicht einfach klug und die entspanntere Art zu leben, wenn man es sich leisten kann?

Ich weiß nur so viel: Für mich ist das nichts! Ich möchte in meinem Beruf arbeiten und Kinder, die von Mama und Papa erzogen werden. Den Stress dafür nehme ich – zähneknirschend – in Kauf.

Nun habe ich ja zwei Töchter. Und oft frage ich mich: Wie werden die es wohl später machen? Ganz anders als ich, schon klar – Töchter wollen es immer anders machen als ihre Mütter. Aber was könnte das in unserem Fall genau heißen? Etwa Latte Macchiato in der Komfortzone?

Frau Mika hat in ihrem Buch noch eine andere Idee: Sechzig Prozent der jungen Mädchen wünschen sich eine Karriere als Model, meint sie und bezieht sich dabei auf eine britische Studie.

Na, das kann ja heiter werden, denke ich und will es genauer wissen: »Was wollt ihr später eigentlich mal werden?«, frage ich meine Töchter.

»Ich will zur Reiter-Polizei«, sagt Jette. »Oder nee, ich werd Reiterhofbesitzerin. Ich will nämlich selber Chefin sein.«

»Bloß nicht Journalistin«, sagt Clara, »da muss man Aufsätze schreiben. Und du weißt doch Mama, bei mir fehlt immer der Spannungsbogen im Hauptteil.«

»Und Kinder?«, frage ich. »Nö«, sagt Jette, »zu stressig – jedenfalls, wenn sie so werden wie ich.«

»Doch«, meint Clara, »ich will vier.« Oh!, dachte ich ein bisschen fassungslos: vier!! »Und wie willst du das mit dem Job machen?«

»Ich werde Lehrerin: Wenn die Kinder Ferien haben, hab ich auch Ferien. Und um eins komm ich nach Hause. Meine Kinder gehen nicht in den Hort.«

Der Seitenhieb sitzt. Trotzdem bin ich erleichtert: Das ist zwar anders als bei Mama, hört sich aber doch eigentlich alles ganz vernünftig an: Kein Topmodel-Recall in Sicht, auch keine italienischen Heißgetränke. Doch, doch, die Mädels zeigen gute emanzipatorische Ansätze.

Ich könnte mich also entspannt zurücklehnen.

Wären da nicht gewisse Widersprüchlichkeiten im Rollenbild meiner Töchter, die mich verwirren: Erst kürzlich begegnete ich zum Beispiel einer ...

Grundschullehrerin in spe mit royalen Sehnsüchten

»Guck mal, super Spruch«, sagte Clara letzte Woche und hielt mir das Display ihres Handys unter die Nase: ›Scheiß auf Schule, ich werd Prinzessin‹, stand da.

»Prinzessin«, sagte ich, »das wolltest du doch zum letzten Mal im Kindergarten sein. Und außerdem: Rosa findest du doch total doof.« »Ja«, sagte Clara, »rosa ist endtussig, aber es gibt ja auch coole Prinzessinnen ohne rosa.«

»Coole Prinzessinnen ohne rosa und ohne Schulabschluss, kenn ich nicht«, sagte ich und fand mich irgendwie humorlos.

Clara fand mich auch humorlos. Und rollte mit den Augen: »Mensch Mama! Ist doch bloß ein Spruch.«

Ich dachte trotzdem noch über den Spruch nach: Ließ sich so ein Prinzessinnendasein vielleicht mit dem Lehrerberuf verbinden? Die Zeiten ändern sich ja auch bei Hofe und wer weiß, vielleicht gibt es ja bald Prinzessinnen, die wegen bankrotter Staatshaushalte selbst verdienen müssen. Und überhaupt, war Lady Di nicht auch Erzieherin, bevor sie mit ihrem Charly verkuppelt und in der Komfortzone unglücklich wurde?

»Ich finde, du gehst noch ein bisschen zur Schule«, sagte ich. »Eine ordentliche Prinzessin muss was auf dem Kasten haben.« »Ja«, sagte Clara, »sie muss auf jeden Fall Oxford-Englisch können!«

Oxford-Englisch? »Wegen Prinz Harry, der ist ja noch frei.«

»Aber der ist doch viel älter als du«, sagte ich.

»Der Mann muss ja auch älter sein«, entgegnete mein Kind.

Doch kommen wir zur Vision von Tochter Nummer zwei:

Die zukünftige Reiterhofbesitzerin mit Schuhtick

An dieser Stelle möchte ich mich mal bei unseren Nachbarn entschuldigen, die unter uns wohnen. Nein, liebe Frau Baum und lieber Herr Baum, wir haben hier keinen Ponyhof eröffnet. Wir haben auch keine Hufeisen beschlagenen Vierbeiner in der Speisekammer, wir haben nur eine Tochter, die verliebt ist in die oberste Reihe des mütterlichen Schuhschrank. Dort stehen nämlich meine High-Heels und sobald ich nicht gucke, stöckelt das Töchterchen mit Wackelpo übers Parkett.

Jette liebt dieses Spiel seit sie laufen kann mit unverminderter Leidenschaft. »Wie machst du das eigentlich später mit den Pferden«, frage ich, »verheddert sich so ein sieben-Zentimeter-Absatz nicht im Steigbügel?«

»Dann ziehe ich die doch nicht an«, sagt meine Tochter. »Die ziehe ich an, wenn ich abends mit meinem Mann ins Konzert gehe.« »Was hören Reiterhofcheffinnen denn so, Justin Bieber?« »Auf keinen Fall«, sagt Jette. »Ich gehe zu Papageno. Und habe leuchtenden Schmuck, mit Granaten.« »Und wer bezahlt den?« »Ich, wenn ich einen Hengst verkauft habe.«

Ich fasse zusammen: Da wäre die Lehrerin mit Kinderschar, adeligen Ambitionen und einem Hang zu älteren Männern. Und eine Reiterhofchefin mit Zuchterfolgen, hohen Hacken und einer Vorliebe für Blingbling.

Frau Mika, was sagen sie dazu? Muss ich mir Sorgen machen? Handelt es sich bereits um eine manifeste

Rollenverwirrung? Ist das der Eingang zur kaffeegetränkten Komfortzone. Oder der Beginn einer Abhängigkeit vom Klumschen Schönheits-Diktat?

Oder befinde ich mich vielleicht am Anfang einer ganz neuen, wunderbaren weiblichen Zukunft, in der es meinen Töchtern gelingen wird, alles zu haben: Job, Kinder, Partnerschaft, Style und dazu ein angemessenes Verwöhnaroma, das mir gelegentlich im Leben fehlt?

Fragen über Fragen, die Jochen, mein Mann, sich so nie stellen würde. Zwar hadert er manchmal damit, dass er gleich drei Frauen zu Hause hat und jetzt auch noch einen Leihhund, ebenfalls weiblichen Geschlechts. Aber nie würde er Bücher über feige Männer lesen. Nie hätte er ein schlechtes Gewissen, weil er Job hat und Kinder. Nie würde er sich fragen, ob Cocosshampoo mehr Volumen bringt oder ob die Frage, ob Cocosshampoo mehr Volumen bringt, irgendwie unemanzipiert ist.

Eines allerdings ist auch meinem Mann klar: Wenn wir Jungs hätten, dann wär alles anders. Dann hätten wir andere Fragen und andere Herausforderungen. Aber welche???

Liebe Jungsmütter und -väter, sagen Sie es mir: Welche Rollen spielen Ihre Jungs – in Ihrem Leben, aber auch sonst. Haben Sie vielleicht einen, der später Prinzgemahl in Elternzeit werden will. Oder nichts dagegenhat, seiner Zukünftigen täglich erst aus den Gummistiefeln zu helfen und dann die Colliers zu reichen? Es würde mich irgendwie beruhigen.

Weniger ist schwer

Shop till you drop – wenn meine Mädchen könnten wie sie wollten, wäre das ihr Slogan. Ich hab was dagegen – bin aber auch keine Meisterin des Verzichts!

Es gibt Tage, da werde ich oben an der Wohnungstür gefilzt: »Hast du geshoppt?«, fragen meine Mädels streng, sobald ich verdächtige Tüten bei mir habe. Gut ist, wenn ich dann sagen kann: »Ja, meine Damen, ich shoppte. Und zwar bei Herrn Aldi: Schinkenspeck, mittelalten Gouda, Staubsaugerbeutel, 4 Liter Milch, zwei Stück Butter, drei Schulhefte. Bitte sehr!«

Nicht so gut ist, wenn ich sagen muss: »Ja, ich habe es getan. Eine neue Jeans, und Schuhe ..., waren aber runtergesetzt.«

»Ha«, sagt dann die Zollfahndung, »aus der Sache kommen Sie nur mit Gegenleistung raus: Wir wollen auch eine Jeans und neue Schuhe und ein Smartphone und ein Bettelarmband. Und natürlich auch mal wieder ins Kino.«

Ja, die Damen vom Zoll neigen mitunter zur Maßlosigkeit. Möglichweise liegt das daran, dass wir in einer Stadt wohnen, die zufällig die teuerste der Republik ist, eine hohe Millionärsdichte hat und viele hübsche Läden mit kleinen Dingen, die man dringend braucht, sobald man sie gesehen hat. Obwohl man fünf Minuten zuvor gar nicht wusste, dass es sie gibt.

Im Laufe der Jahre sind Jochen und ich deshalb zu Widerstandskämpfern geworden: Wir kämpfen gegen den hemmungslosen Konsum und gegen die Vermüllung der Kinderzimmer. Wir kämpfen gegen mehr und für weniger, mehr oder weniger erfolgreich:

Wir argumentieren

Es gibt ein paar gute Gründe, die dafür sprechen, das Kinder nicht alles kriegen sollten, was sie haben wollen. Einer ist: Wir haben weder eine reiche Erbtante noch einen Dukatenesel. Ein anderer: Etwa jeder zehnte deutsche Jugendliche neigt zu süchtigem Kaufverhalten. Abwarten, Bedürfnisse aufschieben, selbst durch Leistung etwas verdienen – das können viele nicht. Und das ist schlecht – sagen die Psychologen. Aber erklären Sie das mal einer Achtjährigen: »Vorfreude ist doch was Tolles und bald ist ja auch Weihnachten«, sagte ich neulich zu Jette, als sie im Kaufhaus vor den Schleichtieren stand. »Ja«, sagte mein Kind, »aber für so ein Mini-Schleichtier reichen drei Minuten Vorfreude. Und so lange brauche ich ja schon an der Kasse.« Außerdem hätten alle in der Klasse mehr Schleichs als sie. Gerne sage ich dann, dass es mir egal sei, was andere hätten – so lange nicht das sich selbst auffüllende Konto erfunden sei. Und das sich selbst aufräumende Kinderzimmer. Die Kinder sagen dann, dass es das selbst aufräumende Kinderzimmer ja schon gäbe – immer dann nämlich, wenn Mama es selbst aufräume. Dann wird mir klar: Auf der rationalen Ebene allein lässt sich die Konsumfrage nicht lösen. Wir probieren deshalb auch emotionalere Techniken:

Wir fabulieren

Da gibt es zum Beispiel den »Lebensbeglückungsabend« des kleinen Jochen: Er habe, erzählt mein Mann an schummrigen Winterabenden, schon immer sehr gerne gelesen. Leider hätten seine Eltern nicht so viele spannende Bücher gehabt. Und deshalb habe er immer sein ganzes Taschengeld gespart, um sich einmal im Monat ein Sunkist und ein neues Schneiderbuch zu kaufen. Montags habe er das Buch ausgesucht und dann jeden Abend angeschaut und beschnuppert, weil neue Bücher doch so verheißungsvoll riechen... Das Lesen erlaubte er sich aber erst am Samstag. Und da, liebe Kinder, zog sich der kleine Jochen dann in sein klitzekleines Kinderzimmer zurück und verbrachte ganz allein seinen »Lebensbeglückungsabend«.

Hach!, denke ich an dieser Stelle immer gerührt, was waren wir damals bescheiden. Wir pflegten unsere Räder wie unsere Augäpfel. Und die erste Jeans gab's in der siebten Klasse.

Auch für unsere beiden Mädels haben diese Geschichten einen hohen Unterhaltungswert: Menschen, die an Büchern schnuppern, sind schließlich eine überaus seltene Spezies. Will man auch pädagogisch etwas erreichen, sollte man die Schilderungen entbehrungsreicher Kinderjahre allerdings nicht übertreiben: Wenn sie so klingen, als sei der Krieg gerade aus gewesen, wird man irgendwie unglaubwürdig.

Klug ist es auch, Verwandte zu briefen. Bei uns kam es nämlich schon vor, dass die Oma die Besichtigung von Claras neuem Fahrrad mit den Worten kommentierte: »Mama hat ja ihr Rad nie abgeschlossen und überall rumliegen lassen – bis es vor der Badeanstalt geklaut wurde.«

Wir zahlen Bestechungsgelder

Regelmäßiges Taschengeld ist dazu da, dass man lernt, maßvoll mit Geld umzugehen und es sich einzuteilen. Mitunter hilft es auch, eine strenge Zollfahndung milde zu stimmen.

Allerdings musste ich erst kürzlich wieder feststellen, dass man heute als Kind auch ohne Taschengeld ziemlich gut leben kann. Schließlich gibt es großzügige

Patentanten, Großeltern, kinderlose Freunde und andere lukrative Verdienstquellen. Vor allem Jette ist in dieser Hinsicht sehr kreativ. Neulich wünschte sie sich dringend ein bestimmtes Plüsch-Stinktier. Es stand im Einkaufszentrum im Schaufenster und kostete 15 Euro – Jettes Spareinlagen hingegen beliefen sich an diesem Tag auf genau 55 Cent.

Ich zuckte mit den Achseln. Auf meinem Einkaufszettel waren keine Stinktiere vorgesehen. Dafür hatte ich jetzt eines im Schlepptau: Es hieß Jette und war stinkig, dass ich nicht zahlen wollte.

Dann kam der Bücherflohmarkt in der Schule. »Ich will alte Bücher verkaufen«, sagte Jette geschäftstüchtig. Und ich dachte: Ob die noch einer will? Ganz anders als der kleine Jochen nehmen unsere Kinder es mit der Pflege ihrer Bücher nämlich nicht sehr genau: Die meisten Druckerzeugnisse sind irgendwie ramponiert oder vollgeschmiert ...

Drei Tage später saß das Stinktier auf Jettes Kopfkissen. Sie hatte mit den alten Büchern doch tatsächlich 18 Euro verdient – so viel wie sonst in drei Monaten Taschengeld. Vermutlich hatte sie behauptet, die Bücher hätten magische Kräfte und würden ihrem Besitzer die Matheergebnisse zuflüstern, wenn er dreimal über den zerfledderten Einband striche. Und ich muss zugeben: Nun bin ich etwas beunruhigt: Was, wenn unser Kind – von diesem lukrativen Geschäftsmodell beflügelt – demnächst unseren Familienschmuck auf dem Schulhof verhökert?

Ich schmuggle

Ja natürlich weiß ich es: Die beste Methode, um Kinder zu gemäßigtem Konsum zu erziehen, ist es, ein gutes Vorbild zu sein. Ich war lange ein sehr gutes Vorbild. Monatelang fand die Zollfahndung in meinen Tüten nur saure Sahne, Backpulver, Kaffeefilter, ab und zu ein T-Shirt ... Ob ich mir nie was Größeres kaufe? Doch! Aber eine Freundin, die vier Kinder und einen sparsamen Mann hat, brachte mich auf die Idee, mühsamen Rechtfertigungsdiskussionen mit einem Trick aus dem Weg zu gehen: Man lagert verdächtige Tüten in der Garage zwischen und schmuggelt sie später in die Wohnung. Fragt dann irgendwer nach: neu?, kann man immer noch sagen: nein, vom vorletzten Jahr, aber jetzt passt es wieder.

Neulich allerdings fand Clara eine Tüte in der Garage mit Bon und Etikett und eindeutig nicht vom vorletzten Jahr. Sie stellte mich zur Rede.

Jochen grinste, als er das hörte. »Jetzt musst du dir wohl ein anderes Versteck suchen«, sagte er, »wie wär's mit vergraben.« Ich stellte mir daraufhin vor, wie alle Mütter in unserem Hof ihre Beute unter den Bäumen vergruben, um kurz darauf umherzuirren und sich gegenseitig zu fragen: »Ich habe hier eine grüne Chino gefunden, hast du vielleicht meinen Chanel-Flakon gesehen?« Und dann scharren wir zwischen den Blättern.

Da ist es gut, dass bald Weihnachten ist. Das macht die Sache deutlich einfacher. Selbst strenge Zollfahnderinnen sehen ein, dass Tüten in der Vorweihnachtszeit nicht inspiziert werden dürfen – sonst ist ja die Überraschung weg! Und: Statt heimlich Einkäufe draußen unterm Baum zu vergraben, nehmen wir den Baum einfach mit rein und legen die Sachen offiziell drunter.

Deshalb Mütter, jetzt ist die Gelegenheit: Shop till you drop! Im Januar ist's schon wieder vorbei.

Rettet den Sonntagsbraten!

Kleine Kinder müssen essen, was auf den Tisch kommt. Größere Kinder essen, was sie wollen. Mir macht das Bauchschmerzen.

Vor einiger Zeit las ich in der Zeitung einen Artikel, der mich aufschreckte. In der Meldung ging es um den Sonntagsbraten. Es gehe ihm schlecht, hieß es. Kaum noch eine junge Familie versammle sich mittags um zwölf nach der Kirche um ihn. Kaum noch eine junge Mutter wisse überhaupt, wie man ihn mache (und die Väter natürlich auch nicht). Würde man den aussterbenden Sonntagsbraten befragen, wie es zu seinem Siechtum kommen konnte, würde er wahrscheinlich sagen: Das liegt daran, dass ihr heute alle keine Zeit habt. Ihr findet es zwar toll, Kochsendungen zu gucken – aber selber kochen wollt ihr nicht mehr. Stattdessen macht ihr dauernd auf »to go« und esst den ganzen Tag nebenbei.

Und vielleicht würde er auch drohen: Ihr werdet schon sehen, was ihr davon habt – wenn ich aussterbe, nehme ich all die Sauerbratenrezepte, Speckspicktechniken, Lorbeerblattwürzmengen und natürlich auch Oma Maries Geheimtrick für die weltbeste Senfkruste mit ins Grab.

Ich könnte dann entgegnen: Macht nichts. Ich brauch nicht unbedingt Fleisch – ist ja gar nicht so gesund. Und die Ökobilanz – verheerend...

Aber was ist mit den vielen gemütlichen Stunden am Tisch, der Esskultur, dem Familiensilber, dem schönen Ritual, das Leib und Seele zusammenhält?, würde der Sonntagsbraten dann entgegnen.

Und dann ich müsste zugeben: Ich habe schon länger nicht mehr über unsere Essgewohnheiten nachgedacht.

Nicht, dass bei uns alle im Stehen essen. Oder es nie was Selbstgekochtes gibt, nein, das nicht. Auch ist keiner von uns zu dick, hat Querrillen auf den Nägeln, glanzloses Haar oder andere Anzeichen für Fehlernährung. Aber mir fällt auf, dass das Thema früher als die Kinder klein waren, viel präsenter war: Damals führte ich kämpferische Diskussionen mit Nachbarinnen, die Clara mit 14 Monaten ein Stück Kinderschokolade unter die Nase hielten. Ich stand ewig vor Babygläschen-Regalen und las die Zutatenlisten oder ging in drei verschiedene Gemüseläden, bis ich endlich allergiearme Pastinaken fand.

Dann wurden die Kinder groß und stark: Sie wuchsen wie es sich gehörte, nahmen zu wie es sich gehörte. Und naschten Schoki wie es sich gehörte.

Und heute? Weiß ich oft gar nicht so genau, was sie an einem langen Schultag so alles essen. Um mir mal wieder ein Bild zu machen, habe ich deshalb recherchiert. Folgendes habe ich gefunden:

Tisibes, die mittags das Essen vergessen

Unter der Woche essen meine Kinder mittags in der Schule. Warm! Viel mehr weiß ich nicht. Jette allerdings auch nicht: »Was gab's zu essen heute«, fragte ich neulich. Mein Kind zuckte die Schultern. »Ich glaub Suppe und Pudding!« »Wie, du glaubst – warst du nicht dabei?« »Doch, aber ich bin jetzt Tisibe!«??

Tisibes, wurde mir daraufhin erklärt, hätten während der Nahrungsaufnahme Wichtigeres zu tun als essen. Tisibes müssten aufpassen, dass keiner rumschreit, keiner kippelt und keiner mit dem Messer rumfuchtelt. »Tisibe ist nämlich die Abkürzung für Tischsittenbeauftragte«, sagte Jette. Später erklärte mir die Erzieherin zwar, es hieße eigentlich »Tischsicherheitsbeauftragte« – ich war aber trotzdem beeindruckt. »Morgen«, sagte Jette, »bring ich Servietten mit. Und übermorgen Tischkarten.« »Und überübermorgen«, sagte ich mit Blick auf Clara, die gerade die Wurst mit der Hand vom Teller pickte, »wechselst du bitte den Arbeitgeber. Hier zu Hause ist nämlich noch eine Stelle frei.«

Doch der Tisibe lehnte dankend ab. Denn zu Hause ist es längst nicht so Status fördernd, wenn man sich bei Tisch ordentlich benimmt. Außerdem würde man bei der Arbeit mit einem sittenwidrigen Fund konfrontiert:

Pausenbrote, die morgens gemacht werden – und abends immer noch da sind

Schulbrote sind ein eindeutiger Liebesbeweis, finde ich. Wer um zwanzig vor sieben, wenn die Küche kalt und der eigene Magen noch im Tiefschlaf ist, Schwarzbrote mit Butter bestreicht, mittelalten Gouda in klappbrotkompatible Stücke schneidet und auch das Gürkchen nicht vergisst, muss seine Kinder einfach lieben. Jochen und ich haben in den vergangenen sechs Jahren geschätzte 2000 solcher Brote gemacht. Und als Clara neulich in der zweiten Stunde ihr Schulbrot vorzeigen musste (doch!), wurde es mit dreimal A geratet: ausgewogen, ansehnlich, aber Hallo!

Trotzdem: Unsere Kinder verstehen diese Botschaft nicht. Regelmäßig bringen sie die Brote wieder mit: Der Käse rieche zu viel. Das Brot knuspere zu wenig und sie hätten keinen Hunger gehabt. Stimmt mit unserer Liebe was nicht?, frage ich mich dann manchmal. Wenn ich aber jetzt in Ruhe darüber nachdenke, komme ich zu einem anderen Schluss: Größer als meine Liebe ist die Liebe meiner Kinder – und zwar zum Kiosk auf dem Schulweg. Verdächtige Verpackungsmaterialien in den Tiefen ihrer Ranzen deuten darauf hin, dass sie dort häufiger haltmachen als mir lieb ist. Vielleicht sollte ich meinen Kindern das Taschengeld entziehen, damit sie ihr Schulbrot und ihre Eltern wieder ehren. Und nicht Matschbrötchen, Gummiteufeln und Brausewürfeln den Vorzug geben. Taschengeld-Experten würden dann aber wohl aufheulen: Sie sagen ja immer, Taschengeld sei dazu da, dass Kinder darüber frei verfügen können.

Das bringt mich zum nächsten Fund:

Heftchen, in denen Models ganztags vor sich hin magern

Katie Holmes wiegt 49 Kilo und findet ihre Beine zu dick. Victoria Beckham isst nach der Geburt von Harper Seven fünfmal am Tag eine Handvoll Nichts. Und Cameron Diaz macht Sport bis zum Abwinken für ihren Waschbrettbrauch. Wussten Sie nicht? Ich auch nicht! Bis ich bei Clara kleine bunte Hefte fand, die sie sich offenbar vom Taschengeld gekauft hat und in denen das steht.

Darf man als Mutter einer bald Zwölfjährigen, die weiß, dass Katie Holmes 49 Kilo wiegt und sich zu dick findet, noch irgendwelche Bemerkungen übers Essen machen? Darf man sagen, dass Eistee lauter leere Kalorien hat? Und Gummiteufel vom Kiosk sowieso? Darf man als Mutter seinen eigenen Po zu dick finden und die Waage einfach so im Bad rumstehen lassen? Wohl nicht! Und sollte ich irgendwann mal ein paar Kilos abnehmen wollen, müsste ich das heimlich machen: Dann werde ich nicht heimlich essen, sondern heimlich nicht essen.

Noch größer ist meine Befangenheit geworden, seit ich kürzlich ein Infoblatt der Schule (es handelt sich um eine Mädchenschule) bekam: Es würden, schrieb die Schulleitung, an der Schule immer mehr Fälle von Essstörungen auftreten; Magersucht, Bulimie, Binge-Eating, solche Sachen. Man lade deshalb zu einer Infoveranstaltung.

Ich ging hin und als ich wiederkam, wusste ich eines genau: Essstörungen sind die Pest! Und sie haben viele komplexe Ursachen – mangelndes Selbstbewusstsein, falsche Vorbilder, zu viel Kontrollbedürfnis, übertriebenes Leistungsdenken.... Einer aber ist eindeutig nicht Schuld: der Sonntagsbraten! Im Gegenteil: In Zeiten, als der Sonntagsbraten noch nicht von Fast Food, Low Fat und Size Zero bedroht wurde, gab es eindeutig weniger Essstörungen. Wahrscheinlich hat der Sonntagsbraten sogar vorbeugende Wirkung. Zumindest fangen Teenager beim Essen umso seltener an zu spinnen, je regelmäßiger die Familie zusammen isst. Das ist sogar wissenschaftlich und langzeitstudlich belegt.

Mein Vorsatz fürs nächste Jahr ist deshalb: Wir werden am Wochenende jetzt wieder mehr kochen. Nein, nicht was Schnelles. Sondern was Schönes. Der zuständige Tisibe wird (hoffentlich) den Tisch hübsch decken. Und sollte der Sonntagsbraten mich fragen, ob wir

Oma Maries Rezept für die weltbeste Kruste brauchen, dann werde ich sagen: Du darfst gerne deinen Senf dazugeben. Am besten wird sein, du kommst einfach vorbei, wenn du den Braten gerochen hast!

Ich bin ein Fundbüro: Wir schließen!

Wie schön, Sie sind tatsächlich bis hierher gekommen – und haben einiges mitgenommen. Sie haben allerdings auch was dagelassen: Ihre eigenen Fundstücke zum Beispiel. Und Unvollendetes.

Wissen Sie noch, was Sie im Januar 2005 gemacht haben? Mit Grippe im Bett gelegen? Kinderstiefel geputzt? Weihnachtsgeschenke umgetauscht? Keine Ahnung? Also, ich weiß genau, was ich tat: Ich saß am Schreibtisch und schrieb den ersten Satz. Der erste Satz lautete: »Ich bin eine Suchmaschine«. Es war der erste Satz meiner ersten Kolumne vom Alltag mit zwei Kindern. Und es war auch der Titel meines ersten Kolumnenbandes. Denn in meinen Geschichten habe ich immer wieder (ver)sucht, Ordnung in mein Familienleben zu bringen.

Ja, ich weiß, das mit der Ordnung ist mir nicht immer gelungen. Aber es hat sich trotzdem gelohnt. Denn ich war ja nicht nur jahrelang auf der Suche, sondern

habe beim Geschichten aufschreiben auch vieles gefunden – so viel immerhin, dass ich dringend einen zweiten Band schreiben und dieses Fundbüro eröffnen musste....

Manchmal fand ich dabei **Dinge, auf die ich gut hätte verzichten können:** Zum Beispiel die verbalen Gemeinheiten, mit denen Rabenmüttern »Herdprämien« versprochen und engagierte Väter als »Wickelvolontäre« verlacht werden (gefunden im November 2008). Oder größere Populationen der gemeinen Kopflaus auf unseren Köpfen (gefunden im Sommer 2009). Oder die Nummer 596 im Münchner Bürgerbüro (gezogen im März 2011).

Manchmal stieß ich auch auf **Phänomene, von denen ich vorher, gar nicht wusste, dass es sie gibt:** Das Furzelgemüse gehörte dazu (gefunden im März 2008), die gemeine Aniszicke (August 2010), Miss Moneypenny auf vier Beinen (zum ersten Mal ausgeführt im Frühling 2011) oder auch tomatisierter Reis (entdeckt auf einer schwedischen Speisekarte im Sommer 2011).

Für Sie besonders interessant sein dürfte jetzt noch das Regal oben links. Dort hüte ich nämlich die **Dinge, die Sie für mich gefunden haben:** Zum Beispiel das Fundstück von Sylke H. Nachdem ich in »Mein Medium und ich« über unseren tawainesischen Kinder-Kassettenrekorder geklagt hatte, dessen Batterien dauernd eiern und beinahe schneller leer sind als Michel von Lönneberga in den Schuppen rennen kann, fand Sylke für mich eine Lösung. Sie berichtete von einem unscheinbaren Schraubenloch und einem dazu passenden Netzgerät, mit dessen Hilfe ich aus tawainesischen Batteriefressern steckdosenkompatible Stromfresser machen könnte. Das Schraubenloch, liebe Sylke, gibt es wirklich. Und ja, es funktionierte: Sie haben damals meine Nerven gerettet!

Einen sehr hübschen Zufallsfund machte auch Maja24. Sie schrieb mir eine Email: »Liebe Frau Willers, langsam wird mir Ihre Familie unheimlich: Meine ältere Tochter heißt auch Clara wie ihre und meine jüngere hat vorletzte Woche die halbe Verwandtschaft mit ihren Windpocken angesteckt – wie ihre Jette in der Baustellen-Geschichte. Doch jetzt kommt's: Mein Mann heißt auch Jochen und hat auch eine schwarze Brille. Würde ich nicht aus der ELTERN das Bild von Ihrer Familie kennen, müsste ich direkt befürchten, es ist derselbe...« Liebe Maja24, Letzteres hoffe ich für uns beide nicht. Aber soll ich Ihnen was sagen: Neulich als ich Jochens Sakko in die Reinigung brachte, fand ich in der linken Innentasche eine sehr ominöse Handynummer. Und weil ich dachte, dass das doch der Stoff ist, aus dem die Geschichten sind, habe ich die Nummer angerufen. Sie, Maja24, haben nicht abgenommen – dafür aber Claras Kiefernorthopäde. Er heißt Schmitt. Liebe Maja, jetzt sagen Sie nicht, Sie auch!

Doch kommen wir zu den Regalen ganz hinten. Dort lagern nämlich all die **Dinge, die ich gefunden habe – und bisher nicht losgeworden bin**, weil sie zwar irgendwie merkwürdig genug sind, um Geschichtenschreiberinnen aufzufallen. Aber auch nicht so merkwürdig, dass sie für eine ganze Kolumne reichen: Wenn Sie nach rechts schauen, finden Sie etwa die komische Situation, in der man ist, wenn man mit seinem Kind auf ein öffentliches Klo geht und beim abschließenden Versuch, sich vorbildlich die Hände zu waschen, mit neumodischen Armaturen konfrontiert wird. Neumodische Armaturen sehen meistens todschick und sehr puristisch aus, bewirken aber, dass Mütter und Väter sich vor ihren Kindern zum Dödel machen. In einem großen und sehr futuristischen Museum beispielsweise kroch ich irgendwann unter dem Waschbecken rum und suchte nach einem Knopf, weil ich dem Wasserhahn kein Wasser entlocken konnte und vermuten musste, dass es sich um eine schwer durchschaubare künstlerische Installation handelt.

In der Nasszelle eines frisch renovierten Schwimmbads (das nun »Aqua-Park« heißt) musste ich hingegen wild wedeln, auf und ab springen und schließlich die Hand in elfeinhalb Zentimetern Abstand ruhig vor ein rotes Feld halten, um duschen zu können. Dabei fürchtete ich die ganze Zeit, meine Kinder würden gleich rufen: »Guck mal Mama, da kommt der Typ aus ›Verstehen Sie Spaß‹«. Der Typ kam nicht – vielleicht habe ich ihn aber auch bloß nicht erkannt, weil er in Badehose war. Und ich ohne Brille.

Ein anderes Fundstück, das noch in meinem Regal liegt, ist die Angst einer norddeutschen faschingsmuffeligen Mutter vor dem bayrischen Rosenmontag: »Alle Kinder«, sagen meine Kinder jedes Jahr, »haben schönere Kostüme als wir. Du bist die einzige Mutter, die keine Ideen hat, nicht näht und immer sagt: Geht doch wieder als Prinzessin, da haben wir ja alles in der Kiste....«

Leider sind meine Kinder lange aus dem Prinzessinnenalter rausgewachsen. Jette wollte dieses Jahr als Anakonda gehen. Und Clara als Lady Gaga.

Und bevor ich nun aufhöre mit dem Suchen, Sammeln und Finden, muss ich deshalb noch diese Frage stellen: Bitte sagen Sie es mir: Haben Sie wirklich alle ein Anakondaschnittmuster zu Hause? Oder nähen sie gar Lady Gagas Fleischkostüm freestyle nach? Dann schicken Sie mir doch ein Foto. Ich werde es zu meiner Sammlung legen, Abteilung: Skurilitäten. Denn es wäre der beste Beweis für das, was ich seit Jahren zu beschreiben versuche: Der Alltag mit Kindern ist schrecklich schön, schrecklich anstrengend. Und ziemlich gaga: Aus Müttern werden Suchmaschinen. Aus Suchmaschinen werden Fundbüros. Und aus Prinzessinnen werden Anakondas. Was soll ich dazu noch sagen? Vielleicht dies: Bitte genießen Sie ihn, diesen verrückten Alltag. Sammeln Sie für mich weiter! Und vor allem: Bleiben Sie heiter!!

Anhang Literatur

1) Leo Lionni, Frederick, Beltz-Verlag, Weinheim 2011

2) Conni, Conni zieht um, Karusell 2003

3) Herbert Renz-Polster u.a., Gesundheit für Kinder, Kösel, München 2010

4) Pauli, Carolyn und Breuer, Sabine Bohlmann, Ich rap mir die Welt, Notnowmum (Fenn Music), 2009

5) Axel Hacke, Nächte mit Bosch, Antje Kunstmann, München 2011

6) Ein perfektes Wochenende in Stockholm, SZ-Bibliothek, München 2007

7) Bascha Mika, Die Feigheit der Frauen, C.Bertelsmann, München 2011

Spiele
Die beliebtesten Klassiker

978-3-453-68541-3

Birgit Adam
Neue Denk- und Gedächtnisspiele
*Von leicht bis kniffelig
Zum Selberknobeln und Rätseln
im Freundeskreis*
978-3-453-68538-3

Linda Conradi
Die wichtigsten Kartenspiele
*Rommé, Skat, Canasta, Doppelkopf,
Bridge und vieles mehr*
978-3-453-87938-6

Bernd Brucker
Fingerspiele
*Klassiker und neue Ideen
für Babys und Kleinkinder*
978-3-453-68502-4

Anke Reimann
Neue Fingerspiele
*Noch mehr Klassiker, Zeigespiele,
Abzählreime und Schabernack für
Babys, Kleinkinder und Schulkinder*
978-3-453-68544-4

Cynthia L. Copeland
Quengelspiele
*So halten Sie Ihre Kinder
überall bei Laune*
978-3-453-68541-3

Leseproben unter: **www.heyne.de**

HEYNE ‹

Das Geheimnis entspannter Eltern

Familienratgeber bei Heyne

978-3-453-19742-8

Steve Biddulph
Das Geheimnis glücklicher Kinder
978-3-453-19742-8

Anke Willers
Ich bin eine Suchmaschine
Mein Alltag mit Kindern
978-3-453-60129-1

Das Familienbuch
Zusammen spannende Sachen machen
978-3-453-68539-0

Steve Biddulph
Das Geheimnis glücklicher Babys
Kinderbetreuung – ab wann, wie oft, wie lange?
978-3-453-67015-0

Steve Biddulph
Weitere Geheimnisse glücklicher Kinder
978-3-453-19762-6

Steve Biddulph
Jungen!
Wie sie glücklich heranwachsen
978-3-453-21495-8

Cynthia L. Copeland
Quengelspiele
So halten Sie Ihre Kinder überall bei Laune
978-3-453-68541-3

Leseproben unter: **www.heyne.de**

HEYNE ‹